인재귀환 프로젝트

C-Player저성과자 Management

인재귀환 프로젝트

C-Player저성과자 Management

윤혜신 지음

Prologue

"어떻게… 저성과자 교육을 시작하게 되셨나요?" HR 관련 사람들과 만나는 자리에서 주로 받게 되는 첫 질문이다. '저성과자 관리' 라는 분야가 생소하기도 하고 이러한 경험이 흔한 일은 아니기 때문일 것이다. 사실 지금까지도 HR의 주요 관심사는 인재개발 즉, 핵심인재 관리에 집중되어 왔다. 최근 들어서는 조직의 성과에 미치는 주요변수는 핵심인재 외에도 저성과자들의 영향력을 간과할 수 없다는 공감대가 형성되고 있는 것 같다. 하지만 막상 필요성에 따라 저성과자 관리를 하려 해도 어디서부터 어떻게 손을 대야 하는지에 난감해 한다.

필자도 처음 저성과자 프로그램을 기획해야 하는 업무를 담당하게 되었을 때 지인들과 전문가들을 찾아다니며 조언을 듣고자 했지만 관련 경험자가 많지 않아 난감했던 경험이 있다. 참고자료는 일회적인 칼럼 형태이거나 단편적인 짤막한 지침들이 전부였다. 실제 현장에서 운영되었던 사례는 더더욱 찾기 어려웠다. '저성과자 관리' 자체가 대단히 민감한 이슈이기 때문에 조직에서 운영되더라도 조직원들조차 모르게 진행되었고 그 결과와 노하우는 공유되지 않았다. 그러다보니 핵심인재 관리(Talent Management)에 대한 관련 자료는 넘쳐 나지만 저성과자 관리(C-Player Management)에 대한 자료는 기본 매뉴얼조차 찾기 힘들었다.

필자가 우여곡절 끝에 저성과자 프로그램의 기본 설계를 마치게 되었을 때 마침 서울시 현장시정지원단 3년간의 운영에 참여할 수 있는 기회가 생겼다. 그 후부터 공기업, 대기업 등 다양한 조직의 저성과자들의 역량개발 교육을 통해 시행착오와 성공사례를 경험하면서 현장에서 필요로 하는 저성과자 관리의 효과적인 모형을 정리할 수 있었다. 기존의 교육형태로 운영되는 일반적인 과정과는 달리 저성과의 원인이 어디에서 기인한 것인지를 파악할 수 있는 어세스먼트(Assessment)의 활용과 교육훈련 방법 외에 코칭을 통한 강력한 개입 등 효과적인 역량개발기법들을 적용해보고 확신을 갖게 되었다.

저성과자 관리는 절실하나 여러 가지 이유로 선뜻 도입하기 어려워하는 회사들의 담당자들과 만나면서 필자의 경험을 공유하는 것이 실무자들에게 도움이 될 수 있겠다는 생각을 하게 되었다. 저성과자라고 하면 먼저 부정적인 이미지를 떠올리는 경우가 많다. 하지만 필자가 제안하고 싶은 것은 조직에서 누구라도 위기상황을 겪을 수 있고 그 어려움에 어떻게 조직과 개인이 효과적으로 대처하느냐가 중요하다. 저성과자 관리는 C-Player를 조직의 인재로 다시 귀환시키고자하는 긍정적인 접근으로부터 출발해야 한다. 인재귀환 프로젝트는 단순한 저성과자의 출구전략이 아닌 지속가능한 A-Player가 되기 위한 프로젝트이다. 본고에서는 일반적인 원칙이나 이론이 아닌 현업에서 직접 부딪히면서 경험한 실제 이야기를 토대로 저성과자 관리에 현실적인 대안을 제시하고자 했다. 졸고(拙稿)이나 인재개발을 위해 고군분투 하고 있는 분들에게 조금이라도 도움이 된다면 다행이겠다.

2011년 한해가 저물 무렵

윤혜신

Contents

인재귀환 프로젝트

C-Player(저성과자) Management

자신의 역량을 제대로 발휘하지 못하는 사람들은 무엇이 문제일까?
처음부터 문제였던 사람은 없다.
그들이 다시 인재로 귀환할 수 있는 솔루션이 필요하다.

3.C-Player 관리가 왜 힘들까?

4.C-Player 관리를 어떻게 해야 할까?

5.C-Player 관리, 이것만은 알아두자

Contents

6. C-Player 관리 운영사례

7. 지속 가능한 A-player 되기 (5P)

8. C-Player 없는 조직 만들기 (3S)

9. A-player도 C-player가 될 수 있다

부록

CHAPTER 01

C-Player저성과자는 누구인가?

성과달성에 어려움을 주는 사람들을 저성과자라고 한다

01 C-Player 저성과자는 누구인가?

> 이제 저성과자 관리에 대한 긍정적이고 발전적인 접근이 필요한 시기이다. 사실 저성과자라고 평가받고 있는 사람들이 단지 낮은 역량과 낮은 성과 때문에 부정적인 평가를 받고 있는 것은 아니다. 부적절한 태도, 조직 부적응적인 성향, 불편한 대인관계로 인해 조직의 성과 달성에 어려움을 주고 있는 사람들을 저성과자라고 말하고 있다. '상당기간 성과가 부진한 사람' 이라는 저성과자의 사전적 정의보다 실제 현업에서 경험하고 있는 저성과자의 정의를 이해하는 것이 C-Player Management의 출발점이라고 할 수 있다.

누구도 예외일 수 없다

벌은 어떤 벌들을 모아놓아도 전체 중에서 20%는 열심히 일을 하고 60%는 대충대충 나머지 20%는 꿀 한번 따오는 일 없이 늘 놀고먹는다고 한다. 이는 개미 사회에서도 마찬가지라고 한다. 일하지 않는 20%들을 제거해줘도 새로운 20%의 일하지 않는 개미가 생겨난다는 것이다. 이러한 이야기는 단지 곤충들만의 이야기일까? 사회나 조직에서도 이와 유사한 법칙이 존재한다. 다음과 같은 벌에 대한 우화가 있다.

한 마을에 벌을 치는 두 사람이 살았다. 같은 일을 하다 보니 알게 모르게 경쟁할 수밖에 없었는데, 두 사람 다 벌통을 하나씩만 가지고 있었다. 한 사람은 욕심이 많았고, 한 사람은 조금은 너그러운 사람이었다. 이들 두 사람이 가지고 있는 벌통에는 각각 1000마리의 벌이 들어있었다. 1000마리의 벌 중 200마리는 아침부터 저녁까지 열심히 꿀을 따오지만, 600마리는 대충대충 꿀을 따오고, 나머지 200마리는 제대로 꿀 한번 따오는 일 없이 빈둥빈둥 노는 것이었다. 욕심 많은 주인은 마치 자기의 꿀을 놀고먹는 벌들이 도둑질하는 것처럼 생각되어 놀고먹는 벌 200마리를 벌통 밖으로 쫓아버렸다. 쫓겨난 벌들은 갈 데가 없자 모두 옆집 벌통으로 들어갔다. 그래서 이쪽 집 벌통엔 800마리의 벌이 있고, 저쪽 집 벌통엔 1200마리의 벌이 있게 되었다.

그런데 가을이 되어 이상한 일이 벌어졌다. 욕심 많은 집 사람의 벌통엔 겨우 800마리의 벌이 먹을 꿀이 들어 있고, 옆 집 벌통엔 1200마리의 벌이 먹을 꿀이 가득 들어 있는 것이었다. 욕심 많은 사람은 벌통 안을 자세히 살펴봤더니 800마리의 벌 가운데 160마리만 열심히 꿀을 따오고, 480마리는 대충대충 꿀을 따오고, 다시 160마리는 놀고 있었다. 욕심 많은 사람은 옆집 벌통에도 몰래 가보았더니 거기엔 1200마리의 벌 가운데 240마리가 열심히 꿀을 따오고, 720마리는 대충대충 따오고, 240마리는 노는 것이었다. 전체에서 노는 20%에는 변화가 없었던 것이다.

기업의 인력관리 또한 꿀벌 이야기와 유사한 부분이 있다. 20%의 일하지 않는 꿀벌 같은 사람들을 기업에서는 저성과자C-Player라고 한다. 하지만 현재 A-Player라고 하더라도 조직환경의 변화와 역할의 요구에 따라 저성과자가 될 수도 있고, 현재는 저성과자로 평가를 받고 있다고 하더라도 얼마든지 역량발현의 기회를 통해 변화될 수 있다.

일 잘하는 사람과 일하고 싶은 사람

당신은 능력이 뛰어난 사람과 일하고 싶은가? 아니면 성품과 태도가 좋은 사람과 일하고 싶은가? 만약 이 둘 중 하나를 선택해야 한다면 당신은 어떤 선택을 하고 싶은가? 성과를 위해서는 당연히 전자를 선택하는 것이 바람직한 선택일 것이다. 하지만 실제 직장생활에서는 어떠한가? 물론, 탁월한 능력이 반드시 필요한 직무에는 전문성을 갖춘 사람이 적합하겠지만 대개의 경우 팀원들과 좋은 관계를 맺을 수 있는 사람에게 마음이 열리는 경우가 많다. 회사에서 인사 발령 시기가 되면 여러 부서에서 서로 뽑아 가려는 사람들의 특징이 있다. 그들이 갖고 있는 장점 중에 공통되는 부분은 바로 인성과 태도 측면에 상당히 좋은 평가를 받고 있다는 점이다. 업무수행의 기본적인 능력을 갖추고 있어야겠지만 아무리 능력이 탁월하고 성과가 좋아도 부서 전체의 화합을 헤친다거나 대인관계에 문제가 있는 경우 팀 성과에 부정적인 영향을 미치게 될 수밖에 없기 때문이다. 단기적인 성과 달성은 뛰어난 개인의 능력으로 어느 수준까지 가능하겠지만 지속적인 성과 창출을 위해서는 팀워크와 관계형성을 통해 성과를 만들어 내고 그 과정의 경험을 공유하는 것이 성과 달성뿐만 아니라 사람들을 성장 시키는 좋은 방법이라 할 수 있다.

A팀장은 워낙 차분하고 말 수가 적은 편이었다. 이런 성격 탓에 대인관계가 적극적이지는 못했지만 업무를 수행하는데 큰 문제가 있는 것은 아니었다. 비교적 승진도 빠른 편이었다. 필기시험이 승진에 높게 반영되는 회사였으므로 평소 공부라면 자신 있었던 A팀장은 한 번의 누락 없이 승진하였다. 하지만 과장에서 차장이 되고 난 후 관리자의 역할이 버거워지기 시작했다. 사적인 자리에서도 직원들과 이야기를 나누기가 쉽지 않았다. 딱히 대화 소재가 떠오르지도 않아 몇 마디 나누다가 보면 분위기가 서먹해지곤 했다. 무엇보다 사람들과 이야기를 나눌 때 상대의 감정을 공감하거나 자신의 감정을 표현하는 것이 힘들었다. 실무자였을 때는 업무에만 집중하고 성과를 내면 됐지만 관리자가 되고 보니 특히 대인관계에 신경 써야 할 일이 많아져 이만저만 괴로운 것이 아니었다. 처세술이 뛰어난 동료들을 보면 한편으로 부럽기도 했지만 묵묵히 맡은 일을 해내는 것이 자신에게 더 어울리는 방법이라고 생각했다.

하지만 종종 상사로부터 부하직원 관리가 제대로 이루어지지 못한다는 이야기를 듣게 되었을 때는 난감하기도 했다. 원래 타고난 성격이 갑자기 바뀔 수도 없는 일이기도 했지만 그렇다고 자신의 소극적인 대인관계가 업무에 지장을 줄

만큼 문제가 있다고 생각하지 않았다. 사실 지금 맡고 있는 업무도 인원 보강 없이 야근을 해가며 간신히 납기를 맞추고 있는데 적극적인 관리자의 모습이 되라는 상사의 요구에 대해 은근히 짜증이 나기 시작했다. 상사의 충고와 조언이 거듭 될수록 무반응과 시큰둥한 태도로 일관하게 되었고 되도록 상사와 마주치는 일을 피하게 되었다.

상사와의 관계가 불편해지자 업무보고 회수도 줄어 들었다. 점점 소원해지는 상사와의 관계만이 아니라 부하직원들의 관계에도 의욕이 생기지 않았다. 업무파악이나 업무지시를 할 때도 간단한 의사전달 외에는 대화가 많지 않았다. 왠지 부하직원들의 개인 사생활에 관심을 보이는 것이 부하직원들을 불편하게 하는 일인 것 같아 가급적이면 근황이나 사소한 잡담은 하고 싶지 않았다. 또 무미건조한 자신의 언변이 분위기를 어색하게 만들지는 않는지 신경이 쓰이기도 했다. 그러다 보니 팀의 분위기는 점점 가라앉아 갔고 가라앉은 분위기 때문인지는 몰라도 프로젝트 납기를 맞추는 것이 점점 쉽지 않았다. 팀 분위기는 그렇다 치더라도 자신이 맡은 업무를 제대로 해내지 못하는 부하직원들의 능력과 열정이 못마땅하기만 했다. 일일이 불러서 질책을 한다고 개선될 것 같아 보이지도 않고 차라리 A팀장은 부하직원들의 업무 공백을 자신이 메우는 것이 마음 편했다.

하루 종일 일과 씨름하고 그것으로도 부족해 주말에도 출근하기 일쑤였다. 해도 해도 끝이 없는 업무량만큼 스트레스도 점점 쌓여갔다. 팀장은 이렇게 일에 치여 사는데 무덤덤한 부하직원들을 보니 섭섭하기도 하고 한심하기도 했다. 나름대로 최선을 다해 일을 해내고 있지만 나아질 기미가 보이지 않고 자신감이 자꾸 위축되어 갔다. 누구나 직장에서 겪는 어려움이겠거니 자신에 대해, 사람들에 대해 무감각해지려고 애쓰고 있는 중이었다. 얼마 후 회사의 조직개편이 시작되었고 A팀장은 당황스러운 통보를 받게 되었다. A팀장이 무보직자로 인사발령을 받았다는 충격적인 소식이었다. 매일 야근에 주말 출근까지 오로지 일만 살아왔는데 자신에게 어떻게 이런 대접을 하다니……. 배신감이 밀려왔다. 어디서부터 잘못 된 것이지 되짚어 보아도 이해되지 않았다. 자신보다 업무 능력이 훨씬 떨어지는 사람도 많은데 어떤 기준으로 무보직 발령을 단행한 것인지 도저히 받아들여지지 않았다. 물론 얄팍한 처세술로 승진하는 동료들에 비해 대인관계에 적극적인 편이 아니었으나 업무를 수행하는데 있어서는 꼭 필요한 능력이라고 생각하지 않았다. 단지 적극적이지 못한 대인관계로 무보직이라는 불이익을 당한 것이 아닐까 생각하니 억울함이 더 했다.

A팀장은 중간 관리자의 역할을 업무중심적인 부분에 높은 비중을 두고 이해하고 있다. 주어진 업무만 실수 없이 해내는 것은 관리자의 역량이라고 할 수 없다. 왜냐하면 대인관계 형성에 소극적인 태도는 부하직원에게 업무 동기부여를 약화시키는 주요 요인이기 때문이다. 부하직원 들은 자신을 인정해주고 격려 받을 때 더 큰 역량을 발휘한다. 이러한 상호간의 신뢰를 쌓는 과정은 친밀한 대인관계가 이루어질 때 가능하다. A팀장은 자신이 워낙 말 주변이 없고 조용하고 내성적인 성격이라 대인관계 스킬에 자신이 없었다. 아마 이로 인해 스스로도 조직에서 고립감과 소외감을 오랫동안 경험해 왔을 것이다. 이러한 감정의 문제는 A팀장에게 의욕저하와 무기력으로 인해 자기만의 방식을 고수

하고자 하는 경향으로 나타났고 친밀한 대인관계를 형성하기 어려웠을 것이다. 무보직자로 선발 된 이후 자신의 성격적 특성과 심리적 상태가 직원들에게 얼마나 큰 영향을 주고 있는지 이해하기 시작했다. 어디서부터 자신을 변화시켜야 하는지에 대해 실마리도 찾게 되었다. 친밀한 대인관계를 맺는 위해 반드시 달변가일 필요는 없다. 폭넓은 대인관계를 가져야만 하는 것은 아니다. 간결한 대화 속에서도 상대의 감정을 공감하고 존중 받는다는 느낌이 중요하다. A팀장 본인도 누군가로부터 이러한 배려를 받았을 때 마음이 열리는 경험을 하였을 것이다. 중간관리자에게 이러한 대인관계 역량은 사람을 통해 팀 성과에 빠르게 접근할 수 있는 리더십 역량이다.

A팀장은 자기관리와 성과관리에 있어서 우수한 역량을 보유했을지는 몰라도 대인관리 역량에 있어서는 준비가 되어 있지 않았다. 실무자였을 때는 업무수행능력이 중요하지만 점점 상위 직급으로 올라갈수록 대인관리역량을 필요로 한다. A팀장이 부하직원의 일까지 도맡아 하는 것이 유능한 리더의 모습은 아니다. 오히려 부하직원 입장에서는 기회를 주지 않는 상사에게 마음이 돌아설 수 있다. 부하직원은 일을 덜어주는 상사보다 마음을 공감 해주는 상사에게 최선을 다한다. 이런 부분에 있어 A팀장은 팀장이라는 포지션에 필요한 역량이 부족했다고 할 수 있다. 탁월한 성과란 성과 자체가 최종 목표가 아니라 직원들 스스로가 자기 동기와 열정을 가지고 그 과정에서 성장할 수 있도록 도와 주는 것이다. 이 부분에 있어 A팀장은 관리자로서 정서적 공감

(Emotional Management)역량이 부족했다고 할 수 있다.

카리스마와 독선

K본부장의 강한 추진력은 신입사원 때부터 두각을 나타냈다. 그는 소소한 잡무부터 누구나 기피하는 업무까지 거칠 것 없이 달려드는 남다른 열정을 가지고 있었다. 회사 내부에서 그에 대한 좋은 평판이 회자되면서 여러 부서의 팀장들은 그에게 '함께 일해보지 않겠냐' 는 제의를 해왔다. 이처럼 승승장구하며 중간관리자가 되었고, 그가 맡은 팀은 매년 성과목표를 갈아치웠다. K본부장은 더 높은 목표를 향해 전력투구하며 일에 집중하였다. 하지만, 직원들은 사이에서는 K본부장 팀에서 일하는 것이 그다지 반가운 일은 아니었다. '마치 저승사자와 일하는 것 같다' 는 비유가 나올 만큼 업무강도가 대단했다. 하지만 K본부장은 강도 높은 업무과정이 직원들을 성장시키는 방법이라고 확신하고 있었다. 말단 직원부터 팀장까지 본인이 모든 것을 챙겨야 마음이 놓였다. 팀장이 탐탁지 않게 팀원을 관리하면 직접 팀원을 불러다가 일일이 보고서의 오타를 함께 수정할 정도였다. 약한 모습을 보이는 직원에게는 정글의 법칙을 강조했고, 자신의 의견에 반발하는 직원에게는 가차없는 비판과 냉정한 태도를 보였다. 빠른 성과를 내기 위해서는 개개인의 사정을 챙겨가며 일할 수 없기 때문이기도 했고, 직원들에게는 스스로의 경쟁력을 갖게 해주는 훈련과정이라고 생각했기 때문이다.

드디어 K본부장은 탁월한 성과를 인정받아 인사담당 임원으로까지 초고속 승진을 하게 되었다. 인사담당 임원이 된 후 역시 그의 강한 추진력은 기존의 구태의연한 인사제도에 혁신을 가지고 왔다. 인사의 공정한 처우를 위해 성과주의 인사시스템을 진두지휘 하였다. 그가 특히 심혈을 기울여 만든 '삼진아웃제도'는 직원들에게 적잖은 비난을 받기도 했지만 흔들림 없이 특유의 추진력으로 밀고 나갔다. 인사의 공정함이란 열심히 일하는 직원들에게는 그에 따른 충분한 보상을 해주고, 일을 못하는 직원에게는 그에 응당한 처우를 해주는 것이라고 생각했다. 삼진아웃제도는 인사고과에서 하위평가를 받은 직원들에게 역량개발의 기회를 2번 제공하되 그래도 개선이 보이지 않을 경우에는 해고할 수 있는 제도였다.

그런데 제도를 도입한 첫 해 리더십 다면평가 결과를 받아보고 K본부장은 당황하지 않을 수 없었다. 리더십 다면평가에서 자신이 하위 3퍼센트에 포함된 것이었다. 본인이 주도해서 만든 '삼진아웃제도'에 본인이 대상자가 된 것이다. 그는 도저히 납득이 되지 않았다. 화가 치밀었다. 내가 왜? 도저히 받아들일 수 없었다. 하지만 자신이 만든 제도에 자신이 반발한다는 것은 자가당착이라는 생각에 어쩔 수 없이 하위 3% 대상자가 받아야 하는 역량개발교육에 입소하게 되었다. 분노와 굴욕의 감정이 교차했지만 참아내기로 했다. 자신이 문제가 있어서라기 보다는 조직의 정치적 희생양이 되었을 수도 있다는 생각도 들었다. 이 과정을 잘 견디어 반드시 명예를 회복하리라는 결심을 했다. 교육에 참여해보니 내용은 모두 훌륭했다. 사실 자신은 이러한 교육을 받아야 하는 사람이 아니라 오히려 가르쳐야 하는 사람인데 어쩌다가 이런 모양새가 되었는지 문득문득 울컥한 감정이 오르기도 했다. 쉽지 않은 시간들을 견디어 내고 K본부장은 업무에 복귀하여 전 보다 더 일에 매달렸다. 이것이 자신의 명예를 회복하는 방법이라고 생각했기 때문이었다. 하지만 K본부장은 1년 후 리더십 다면평가 결과를 보고 놀랄 수 밖에 없었다. 또 다시 하위 3% 대상자에 해당된 것이었다. 직원들이 괘씸할 뿐이었다.

K본부장은 결국 회사를 떠나기로 결심했다. 자존심에 금이 갔다. 열악한 상황에서도 인정받을 만한 성과들을 만들어냈었다. 흐트러짐 없이 오로지 앞만 보고 달려온 자신에게 자부심을 갖고 있었다. 그럼에도 불구하고 하위 3%라는 불명예를 안겨 준 회사에 남아 있을 이유가 없었다. 한편으로는 자신의 능력 정도면 전직은 어렵지는 않을 것이라고 생각했다. 하지만 현실은 그가 생각한 것과 전혀 달랐다. 넌지시 업계 경쟁사에 전직 의사를 전달했더니 아무런 반응이 없었다. 당혹스러웠다. 인사담당임원으로 재직할 때는 역시 일 잘하는 최고의 인재라고 치켜 세우던 사람들의 냉담한 반응에 두려움 마저 들었다. 그 동안 내가 잘못 살아 온 것은 아닌가 아무리 되짚어 봐도 이해되지 않았다. 우여곡절 끝에 한 회사에 인터뷰를 할 기회를 갖게 되었다. 매사에 당당했던 K본부장은 왕년에 자신이 얼마나 대단한 일을 해냈는지 구구절절 설명하려고 했으나 시큰둥한 반응을 보고 내심 불안해지기 시작했다. 자신의 리더십역량에 대한 날카로운 질문에 당황할 수밖에 없었다. 사실 자신이 리더로서 강한 업무 추진력 말고는 '부하직원들에게 어떤 리더였을까?' 에 대해서는 별 관심을 두지 않고 살아왔다. 자신이 세운 원칙과 신념이 항상 옳다고 생각했기 때문에 누구의 평가도 개의치 않았다. K본부장은 이후 여러 번의 인터뷰를 경험하면서 그때서야 비로서 자신을 객관적으로 관찰하기 시작했고 K본부장의 자기중심적인 사고가 상대방 중심의 유연한 사고로 바뀌기까지는 쉽지 않은 과정이 기다리고 있었다.

K본부장이 보유하고 있는 열정과 추진력은 핵심인재로 인정 받을 만한 역량이라고 할 수 있다. 성과에 도달하는 K본부장의 카리스마 리더십은 강한 추진력과 단호함이 장점이다 하지만, 강한 추진력은 양날의 칼과도 같아서 때로는 그의 강한 추진력이 적정한 수위를 넘어 갈 경우 독선과 아집의 형태로 나타나기도 한다. 독선적인 사람이 불편한 이유는 다른 사람의 생각을 귀 담아 듣지 않는다는 것이다. 특히, 상대의 마음을 진심으로 경청하고 수용하기는 불가능하다. 자신의 잣대를 절대적인 기준점으로 생각하고 있기 때문에 사고의 유연성이 떨어질 수 밖에 없다. K본부장은 직급이 올라감에 따라 자신이 성공한 방식에 강한 확신을 갖게 되었다. 가끔 상황에 유연하게 대처할 필요가 있는 사안에도 자신만의 방식을 고수하려는 경향이 점점 강화되었다. 그는 자신이 설정한 목표에 도달하기 위해 쉴 새 없이 '돌격 앞으로!'를 외쳤다. 지친 부하직원들을 보면 열정과 능력이 부족한 탓이라고 여겼다. K 본부장과 같은 성향의 리더는 사람을 육성하는데 취약점을 가지고 있다. 특히, 창의적인 생각을 할 수 없게 만들고 자발적인 동기를 가지고 일할 수 없게 만든다. K본부장은 자신이 경험한 성공의 노하우보다 월등히 획기적인 아이디어로 성과를 낼 수 있는 사람들이 바로 자신의 부하직원들이라는 것을 인정하지 못했다. 그들의 생각을 귀담아 듣지 않으려 했다. 리더들은 '그들(부하직원) 안에 답이 있다' 것을 잊지 말아야 한다. 문제 해결사 보다 문제를 해결하도록 도와주는 리더가 사람을 길러내는 유능한 리더이다. K본부장은 다양한 관점에서 자신의 리

더십을 객관적으로 평가해 보았어야 한다. 자기 통찰이 부족한 경우 리더십의 성장은 기대하기 어렵다. 절대 들으려고 하지 않는 사람과 어느 누가 일하고 싶겠는가?

익숙한 것들과 결별하지 못하는 이유

자동차 부품회사에 다니는 C과장은 50대 초반이다. 전문대를 졸업하고 생산부서 직원으로 입사했지만 성실한 업무 태도와 부서의 화합을 주도하는 역할 등 그 능력을 인정받아 일찍 과장직급을 달았다. 하지만 여전히 지금도 과장 20년 차이다. 처음에는 그저 몇 년 정도 승진이 늦어지는 거겠지 하고 스스로 위안을 했다. 과장 10년 차쯤 되었을 때는 사람들 보기가 민망하고 수치스러웠으나 20년 차쯤 되니 사람들의 시선에도 여유가 생겼고 정년까지 직장생활 잘 하다가 퇴직하는 것이 목표가 되었다. 그런데 몇 개월 전 회사로부터 퇴직을 권유 받았다. 그는 부당한 인사조치라고 강력하게 항의했다. 회사는 회사대로 분명한 퇴직 권유의 사유를 가지고 있었다. 컴퓨터를 사용할 줄 몰라 기본적인 문서작성조차 어려워 사소한 업무보고도 후배 직원들에게 부탁하게 되는 경우가 많아졌고 이것이 부서 내 불만으로 쌓이기 시작한 것이다. 하지만 C과장은 그렇게 생각하고 있지 않았다. 자신이 입사했을 때 생산부서에서는 문서작성 업무가 필요하지 않았고 대부분 수기로 할 수 있는 업무들이었다. 또 당시에는 부서마다 타이피스트가 있었기 때문에 중요한 문서기안은 수기로 써서 주면 타이피스트가 작업을 해서 주었다. 그런데 어느 날 개인별로 컴퓨터를 지급하고 갑자기 모든 업무 보고나 결재를 사내 인트라넷을 통해서 하라니 무슨 말인지 용어도 생소하고 사용방법을 들어도 통 이해가 되지 않았다. 그러다 보니 업무 생산성도 떨어지고 필요할 때마다 부하 직원들에게 임시방편으로 물어 도움을 받을 수 밖에 없었다. 점점 문서작성에 자신이 없어지고 젊은 직원들한테 배우려니 자존심도 상하고 눈치도 보였다. 사실 배우고 싶지 않아서 안 배운 것이 아니라 한창 생산현장에서 일에 치이고 있을 때 컴퓨터 교육을 받으러 다닐 수가 없었다. 오히려 자신을 이렇게 무능하게 만든 회사에 대한 원망이 앞섰다. 하지만 같은 연배의 동료들이 컴퓨터를 곧 잘 하는 것을 보면 언제 시간을 내서 배웠는지 부럽기도 하다. 사실 C과장은 낯선 것들을 새롭게 배우는 것이 솔직히 내키지 않는다. 그리고 컴퓨터를 사용하지 않아도 되는 업무가 주어진다면 자신의 능력을 마음껏 발휘할 수 있을 것이라는 생각이 든다.

하지만 피하고 싶어도 어쩔 수 없이 세상이 점점 변했다는 씁쓸한 느낌이 들고 있다. 회사는 자신이 입사했을 때 규모보다 몇 배의 성장을 해서 우수한 인재들이 높은 경쟁을 뚫고 들어오고 있었다. 자신보다 10여 년 늦게 입사한 후배직원도 벌써 부장 직급을 달고 있다. 만약, 본인이 부장이 된다 하더라도 이렇게 똑똑한 직원들을 관리할 자신도 없었다. 승진에서 뒤쳐지기 시작한 몇 년 간은 심각한 고민에 빠지기도 했으나 이제 승진을 포기하고 나니 마음이 크게 동요되지 않았다. 되려 부담스러운 직책을 달고 힘들게 일하느니 차라리 가벼운 업무를 하면서 편하게 정년까지 다니는 것도 괜찮은 방법일 것 같았다.

정작 C과장은 이런 상황을 편하게 받아들이고 주어진 일에 최선을 다해 근무하고 있지만 점점 어린 상사나 동료들이 불편해하고 있다는 것을 알게 되었다. 하지만 한편으로는 자신처럼 승진하지 못하는 후배사원들에게는 자신의 모습이 롤 모델이 될 것이라는 사명감도 가지고 있다. 자신이 버티어 주어야 승진에서 탈락하는 사람들이 희망을 가질 수 있기 때문이다. 이런 상황에 이르기까지 회사도 책임을 피할 수 없다는 생각이 든다. 30여 년 전 만 하더라도 직장에 몸 담고 있는 사람이라면 휴일, 명절을 반납하고 오로지 회사를 위해 일하면서 살아가는 것이 자연스러운 분위기였다. 지금처럼 자기계발, 어학, 사무활용능력 등 교육을 지원해주고 심지어는 교육받지 않으면 불이익을 준다는 이야기를 들을 때 격세지감을 느낀다. 자신과 같은 세대는 자기계발을 위해 투자를 한다는 것이 익숙하지 않은 세대이기도 하다. 회사가 성장한 만큼 개인은 왜 자기계발에 관심을 갖지 않았느냐는 질책을 어느 날 갑자기 받게 되었을 때 당황할 뿐이었다. 자신을 돌아 볼 겨를 없이 일만한 것도 잘못인지 조금은 억울하기도 하고 이제 다시 시작한다는 것도 무슨 의미가 있을까?

최근 들어 회사 내 커뮤니케이션의 어려움 중 하나로 부각되고 있는 부분이 세대간 매우 다른 정서에 대한 문제이다. 8, 90년대를 경험한 50대의 선배들과 디지털 세대에 태어난 후배들 사이의 가치관 차이가 크기 때문이다. 특히, 변화를 수용하는 방식에 있어 확연한 생각의 차이를 느낄 수 있다. 관리와 유지가 중요했던 8,90년대의 경영환경에서는 바깥 세상의 변화에 민감하지 않아도 큰 문제가 되지 않았다. 하지만, 지금은 불확실한 미래에 어떻게 대처하느냐가 회사의 중요한 경쟁력이 되었다. 조직도 개인도 끊임없이 변화해야 경쟁력을 가질 수 있다. 이제 안전지대는 존재하지 않는 듯하다. 디지털 기술력의 놀라운 발전으로 종이 없는 사무환경, 스마트 워크, 모바일 오피스, 재택근무 등 새로운 형태의 업무방식이 계속 생겨나고 있다. 영화에서나 보던 장면들이 실제 우리 회사에도 벌어지고 있는 일들이다. C과장은 회사를 탓하기 전에 세상이 얼마나 빠른 속도로 변하고 있는지 관심을 갖고 적극적인 자기계발을 했어야 한다. 세상 밖의 환경은 100km의 시속으로 변화해가고 있고 회사는 그 속도를 따라 잡기 위해 안간힘을 쓰고 있는데 개인은 변화와 무관한 경우가 많다. 특히, 규모가 크고 안정적인 회사 일수록 구성원들이 변화에 대한 필요성을 절박하게 느끼지 못한다. 이런 조직에서 근무하는 분들이 흔히 자신들을 '온실 속 화초' 라고 비유한다. 바깥 세상의 변화에 적응하기 어렵다는 자조 섞인 표현일 것이다. 하지만 언젠가는 변화를 수용할 수밖에 없는 때가 누구에게나 올 것이다.

대부분의 경우 변화에 적극적이기 보다는 어쩔 수 없이 변화하지 않으면 안 되는 마지노선에 다다르게 되었을 때 불가피하게 수용하게 된다. 조직이 변화하고 성장해가는 속도로 개인도 변화하고 성장해야 정체되지 않는다. 개인이 정체된다는 것은 당사자의 문제로만 그치는 것이 아니다. 함께 일하는 동료, 후배사원들에게도 짐을 지게 하는 일이다. C과장은 나름대로 동료, 후배직원들에게 희망이 되고 있다는 사명감에 의미를 부여하고 직장생활을 하고 있지만 바람직한 롤 모델의 모습은 아니다. 사실 어떤 변화이든 변화에 익숙한 사람은 많지 않다. 또 변화를 불편해하지 않고 능숙하게 적응하는 비법은 없다. 꾸준히 변화와 친해지는 것 외에는… 익숙한 것들과 결별해야 한다는 것이 대단한 희생을 필요로 하는 것은 아니다. 막연한 변화의 두려움 때문에 익숙한 것들과 결별하고 싶어 하지 않을 뿐이다.

내 마음이 들리나요?

공기업의 연구소에 근무하고 있는 D과장은15년 전부터 원인을 알 수 없는 통증에 시달려 왔다. 처음에는 가벼운 가슴 통증에서 시작하여 목과 허리에 심각한 통증으로 나타났다. 디스크 증상인가 싶어서 여러 병원에서 검사를 받아 봤지만 목과 허리에는 아무런 문제가 없었다. 하지만 통증의 강도가 높아지면서 몸을 제대로 가눌 수 없을 정도로 고통을 느끼게 되었다. 책상 앞에 앉아 8시간 근무한다는 것이 쉽지 않아 휴직과 복직을 반복할 수밖에 없었다. 사실 D과장은 명문대 공대를 졸업 했지만 학창시절은 그다지 행복하지 않았다. 머리가 깨질 정도의 편두통이 생길 만큼 전공이 자신의 적성과 맞지 않았기 때문이었다. 워낙 성실한 사람이라 전공 수업에 충실했고 성적도 나쁘지 않았지만 학교생활에 적응이 쉽지 않았다. 그저 빨리 시간이 흘러 졸업하고 회사에 취업 하면 모든 것이 나아지리라 기대했다. 중간중간 그만두고 싶은 생각도 굴뚝 같았지만 그렇다고 자신이 정말 꼭 하고 싶은 일이 뚜렷하게 있는 것도 아니었으므로 다른 대안은 없었다.

무엇보다 자기 뒷바라지에 고생이 많으셨던 부모님들을 생각하면 전공이 적성에 맞든 맞지 않든 해내야만 했다. 쉽지 않은 시간이었지만 석사 과정까지 마치고 드디어 원하던 연구소의 연구원으로 취업하게 된다. 그런데 입사한 첫날 그는 숨을 쉴 수 없을 정도로 가슴이 '콱' 막히는 답답한 느낌이 시작 되었다고 한다. 긴장해서 그러려니 싶었지만 단순한 업무 지시에도 집중할 수가 없었다. 차차 나아질 것이라고 스스로 위로를 하며 견디어 냈지만 몸 상태는 날이 갈수록 심각해져 갔다. 주변 사람들에게 내색 하지 못하고 혼자 속으로 끙끙 앓았다. 신입사원 시기는 적응하느라 그렇다 치더라도 과장이 되어서도 정상적으로 업무를 하기 힘든 상태가 되었다. 상사로부터 질책을 받는 일이 잦아지게 되면서 인사고과를 형편없이 받게 되었고 어떤 부서에서도 D과장과 함께 일하려 하지 않았다.

생각해보면 학창시절 흥미를 붙이기 어려웠던 이과 공부를 무던히도 잘 참아냈다. 재능이나 흥미 보다는 성실함이 더욱 중요하다고 여겼다. 그 성실함으로 석사학위까지 취득하였고 또 누구나 부러워하는 회사에 입사도 했다. 하지만 자신의 성실함만으로 해결할 수 없는 상황을 겪으면서 모든 것을 놓아버리고 싶은 심정이 되었다. 유명하다는 병원 수 십 군데를 찾아 다니며 통증의 원인을 발견하고자 했으나, 마지막 문을 두드린 병원의 담당의사는 신경정신과와 상담해 볼 것을 권유하고 소견서를 써줬다. 도대체 통증과 마음이 어떤 관계가 있는지 이해가 되지 않았고 정신과에 선뜻 찾아갈 마음이 생기지 않았다. 그렇게 진통제로만 견디어 내는 동안 목소리에도 이상한 징후가 생겼다. 상대방이 자신의 말을 정확히 알아듣지 못할 정도로 목소리가 갈라지고 말을 할 때마다 온 몸에 힘이 들어갔다. 상대방과 대화 중 표현하고 싶은 단어도 떠오르지 않았고 일상생활에 필요한 기본적인 상황판단도 쉽지가 않았다. 의사소통의 어려움뿐만 아니라 지적 능력도 하루가 다르게 나빠지기 시작했다. 연구원이라는 직업의 특성상 끊임없이 학문적인 접근과 새로운 대안들을 제시해야 하므로 점차 업무에서 열외가 될 수 밖에 없었다. D과장은 일반 관리직으로 보내달라고 여러 번 회사에 건의 해보았으나 처음 채용할 때부터 D과장은 연구직의 인력으로 선발했기 때문에 타 부서로 전보하기는 인사제도 상 어려운 일이라고 했다. 인사 부서에서는 D과장이 정말 연구원으로서 업무수행이 무리라면 장기 휴직이나 퇴직을 고려해 보는 것이 좋지 않겠느냐는 제안을 조심스럽게 해왔다.

과거에는 사회적으로 성공한 사람이란 좋은 학교를 졸업하고 고시에 합격하거나 대기업에 입사하여 안정적인 삶을 사는 사람이었다. 사회적인 권위, 명예, 안정성을 얻는 것이 최고의 직업 이라고 여겼다. 그러다 보니 성공에 도달하는 방법 또한 대동소이했다. 사람마다 가지고 있는 재능과 고유성에 관심을 두지 않았고 성공에 도달하는 다양한 삶의 방식을 인정하는데 인색하다. 하지만, 이제 성공의 기준은 달라지고 있다. 자신이 무엇을 좋아하고 무엇을 잘하며 어떻게 살기를 원하는지에 대한 마음의 소리에 집중하는 것이 출발점이 되었다. 그래도 여전히 성공은 좋은 스펙을 쌓아가는 것이라고 생각하는 정서가 압도적인 분위기인 듯하다. D과장이 고통스러울 정도로 흥미를 느끼지 못하는 전공을 선택한 것도 사회적인 잣대로 보았을 때 안정적인 삶을 보장할 수 있으리란 생각 때문이었다. 또, 공기업을 선택한 이유도 누구나 이름만 들어도 알만한 회사이기도 했고 정년까지 보장되는 매우 안정적인 회사였다는 점이었다. 성실함 이라면 자신 있었던 D과장은 지금까지 해온 것처럼 참고 견디면 잘 헤쳐나갈 수 있다고 생각했다. 하지만 성실함으로 중무장한 자신도 어찌해 볼 수 없는 '마음의 소리'는 노력과 의지로만 통제 할 수 있는 것이 아님을 알게 되었다. 거의 자포자기 심정으로 선택한 심리상담을 통해 비로소 몸과 마음의 밀접한 관계를 이해할 수 있었다.

유명 IT 회사에 근무하는 P과장은 그 분야에서는 제법 인정을 받고 있는 사람이었고 IT개발자로서 전문서적도 몇 권 출간한 경험을 가지고 있었지만 몇 년 전부터 계속 조직에서 낮은 평가를 받아오고 있다. 작은 일에도 대단히 민감하게 반응하고 때로는 격한 감정을 주체하지 못해 동료들이 P과장과는 되도록 말을 하지 않으려 했다. 자신을 불편해하는 사람들의 태도가 P과장을 더욱 열등감과 피해의식에 사로잡히게 했고 그런 감정이 심하게 요동치는 날은 밤을 꼴딱 새우고 출근하여 더욱 날카롭고 예민해졌다. 일에 있어서 만큼은 누구보다 실력이 있다고 스스로 자부하고 있었으나 자신이 좋은 학교를 나오지 못해 상사와 동료들로부터 무시당하는 것 같다고 했다. 사람들의 그런 태도가 불쾌하지만 화 한번도 내보지 못하고 오히려 그 사람들 눈치 보느라 어쩔 줄 몰라 하는 자신한테 더 화가 난다고 했다. 심지어 부하직원들에게 업무지시도 제대로 하기가 힘들다고 했다. 혹시 자기가 내린 지시가 형편없다고 무시 할 까봐 겁이 난다고 했다. 보잘 것 없는 학력 때문에 부하직원들에게 조차 조롱거리가 될 수도 있다는 생각에 주눅이 든다고 한다. 특히, 명문대 출신들과 회의를 하거나 가벼운 회식 자리에서도 자신의 의견이 받아들여지지 않을 때는 더욱 학력에 대한 열등감을 심하게 느껴지고 감정 조절이 되지 않았다. 아무리 일을 잘해도 사람들은 실력보다는 학력으로 자신을 평가하려 든다는 억울한 심정을 호소하였다. 일도 잘 하지 못하면서 단지 명문대 출신이라는 이유로 승진하고 인정받는 동료를 볼 때마다 회사의 부당한 처사를 받아 들이기 힘들었고 분노의 감정에서 헤어나오기가 힘들었다. 그러나 보니 사소한 일에도 걷잡을 수 없는 감정 폭발로 이어지고 자책하고 또 눈치 보고……. 이런 악순환이 점점 가속도를 내는 것 같아 어떻게 해야 할지 모르겠다고 눈물을 흘렸다. 얼마 전에는 팀장과 업무 일정을 논의하던 중 자신이 반대의견을 제시하자 갑자기 그 상사가 기분 나쁘다는 듯 아무 말 없이 자리를 박차고 나가버렸다고 했다. 분명 합리적인 대안이었지만 자신의 학력을 우습게 알고 그런 식으로 무시당했다는 생각이 들어 거친 폭언을 쏟아 냈다고 한다. 사람들과 만날 때면 먼저 어느 대학 출신인지가 가장 궁금했고 상대의 이름은 몰라도 출신대학만은 기억이 날 정도로 이 세상은 온통 명문대 출신 '그들만의 리그'가 있을 뿐이라고 하였다. 형편없는 학력 때문에 결국 조직에서도 제대로 된 평가 받지 못한다고 울분을 토했다. 있는 그대로의 나를 인정 받기는 틀린 것 같다고 했다. 새로운 회사로 옮겨 새로운 사람들과 새롭게 시작한다면 그 동안 겪은 열등감의 지옥에서 벗어 날 수 있을 것이라고 생각도 해보았다. 하지만 자신이 없었다. 새로운 직장에서도 학력이 걸림돌이 된다면 견딜 수 없을 것 같았다. 이제 몸도 마음도 물먹은 솜처럼 기력이 나지 않는다고 한다.

P과장은 어린 시절 외동아들로 부족함 없는 가정 환경에서 성장하였다. 하지만 아버지를 생각할 때면 늘 생각나는 첫 장면이 있다고 한다. 수학문제를 보여주시면서 "넌 절대 풀 수 없을 거야"라는 기억이 반복된다고 했다. 아버지의 높은 기대수준에 도달하고자 노력했지만 그에 미치지 못했다고 한다. 또 칭찬보다는 질책이 돌아왔고 늘 더 높은 목표가 과제로 남겨졌다. 인정받기 위해 더 열심히 살아왔고 많은 일들을 성취했지만 아버지 앞에서는 한없이 초라해지는 느낌을 떨쳐버릴 수가 없었다고 한다. P과장이 조직 내에서 보이고 있는 감정 통제의 어려움이 학력 열등감이라기 보다는 P과장의 어린 시절 경험한 심리적 왜곡 현상이라고 할 수 있다. P과장은 어린 시절 아버지와 맺었던 관계가 마음속에 형성되어 성인이 된 후에도 P과장의 관계형성 패턴으로 작용하고 있었다. 이런 낮은 자존감의 문제는 자신을 항상 부정적이고 비관적인 쪽으로 생각을 하게 만들기 때문에 문제가 된다. 자존감이 낮은 사람들은 자기가 상대방에게 혐오감을 줄 것이라고 미리 예상한다. 자신을 스스로 무가치한 사람이고 자기를 좋아하지 않을 것이라고 왜곡해서 믿고 있다. 특히, 자존감이 낮은 사람들은 자신감이 없다. 아무것도 할 수 없을 것 같은 무기력감에 잘 빠진다. 무기력은 하나의 타성이 되어 버려 무슨 일이 잘 풀리지 않으면 '역시 난 안돼', '나는 할 수 없어', '전에도 그랬어' 라고 스스로 폄하한다. 이후 P과장은 역량개발프로그램을 통해 자기 내면에 있었던 마음의 불편감을 이해하게 되었고 사람과 상황을 왜곡해서 받아들이지 않으려고 애썼다.

역량을 제대로 발휘하지 못하는 직원들 중 언급한 예시처럼 의외로 심리적, 정서적 문제로 인해 업무성과가 낮은 사람들이 많다. 이러한 원인에 대해 영향을 미치고 있는 대표적인 심리적인 증상 중 예를 들면 불안, 우울, 낮은 자존감, 불면증, 무력감, 가족문제나 부부관계, 건강문제, 심각한 스트레스 등 이라고 할 수 있다. 이들은 역량개발의 프로그램 제공과 더불어 심리치료를 병행하는 것이 효과적일 수 있다. 최근 들어 국내 기업, 정부기관에서도 개인의 심리적, 정서적인 부분의 이슈에 관심을 갖기 시작하고 있다. 왜냐하면 사실 모든 직장인은 감정노동자라고 할 수 있기 때문이다. 감정 노동자들이 높은 생산성을 내기 위해서는 효과적인 마음 관리가 이루어져야 한다. 회사들은 이러한 중요성을 인식하고 EAP(Employee Assistant Program)제도를 적극적으로 도입하고 있다. 직원들이 전처럼 자신의 기량을 제대로 발휘하지 못하는 이유가 단지 낮은 역량과 부적합한 태도에만 문제가 있는 것이 아니라 혹시 마음에 심각한 어려움을 겪고 있는 것은 아닌지 살펴보아야 한다.

천상천하 유아독존

명문대 석사와 해외 박사를 취득한 L팀장이 있다. 신입사원 시절부터 워낙 우수한 두뇌와 번뜩이는 아이디어로 신규프로젝트를 수 차례 성공시킨 경험이 있던 인재였다. 그러다 보니 회사 내 핵심인재 관리 풀에 들어가 Succession Plan의 대상자가 되기도 했다. 실무를 담당하는 과장급까지는 별 문제 없이 잘 지냈다. 그러나 한 팀을 맡게 되면서부터 문제가 발생하기 시작했다. 실무에 탁월했던 그가 부서를 맡게 되면서 트러블메이커로 인식되기 시작한 것이다. 상사의 지시나 회사의 결정이 본인이 생각한 방향과 다르면 수용하지 않았다. 왜냐하면 옳은 방향의 결정이라면 기꺼이 따르겠지만 상사, 부하직원들이 합리적인 의사결정보다는 위험성을 감수하지 않으려고 비겁하게 대세에 따라가려고 하거나 최고의사결정권자가 어떻게 생각할지 눈치만 보느라 예스맨처럼 행동하는 것이 한심스러워 보였기 때문이었다. 그러다 보니 사업부 본부장도 L팀장을 대하기 점점 껄끄러워하고 되었고 소소한 사안에 대해서 L팀장 말고 다른 팀장들을 불러 이런저런 회의를 하기 시작했다. L팀장은 처음에 신경이 좀 쓰이기는 했으나 오히려 이것저것 불필요한 것에 신경 쓰지 않고 소신대로 일할 수 있게 되었다고 생각했다.

하지만 본부장과의 대화 시간이 줄고 다소의 거리감을 느끼면서 엘리베이터에서 마주치기라도 하면 어색한 분위기가 되곤 했다. 본부장과의 거리감이 생기면서부터 오히려 L팀장을 찾아오는 직원들이 많아졌다. 본부장의 리더십에 대한 불평, 불만이 많았던 직원들이 L팀장을 찾아와 속내를 털어놓고 하소연하고 돌아갔다. 아예 대놓고 본부장 험담을 하는 부하직원도 있었다. 어쩌면 이들의 대변자로 자신이 조직 내 든든한 방패역할을 하고 있을지도 모른다는 생각이 들기 시작했다. 본부장과 동석해야 하는 회식자리도 일부러 피했다. 회식자리에서 마음에도 없는 상사 비위를 맞춰가며 술을 마시고 싶지 않았기 때문이다. 굳이 그런 사적인 자리가 아니더라도 자신의 업무능력은 이미 다른 팀장들보다 한 수 위임을 알고 있었다. 때로는 밤새워 야근하는 옆 부서 다른 팀장에게 굳이 몸을 혹사해가면서 잘 보일 필요 있느냐라는 냉소적인 말을 건네기도 했다. 상대방은 L팀장의 거만한 태도에 자존심이 상했고 불쾌감을 느꼈다. 거칠 것 없이 할말 다 하고 사는 L팀장처럼 믿는 구석이 있는 사람과 자신의 처지를 비교하니 일할 맛이 나지 않는다. 솔직히 저렇게 당당하게 회사생활을 할 수 있는 것은 L팀장 집안이 누구나 들으면 알만한 대단한 재력가의 자제이기 때문이라고 회사 내 공공연히 떠돌고 있다. 당장 회사를 그만 둔다고 해도 아쉬울 것이 없는 사람일 것이라고 회자되고 있다. 매일 야근과 철야도 감수해야 하고 마음에도 없는 맞장구도 쳐야 하고, 상사 눈치 보느라 비굴해지기도 하는 평범한 샐러리맨들에게는 L팀장이 부러움의 대상이기도 하지만 상대적인 상실감을 느끼게 하는 존재이기도 하다. 이처럼 L팀장 본인은 의도하지 않았으나 그의 태도가 사업부내 동료 팀장과 부하직원들에게 위화감을 조성하고 있다는 것을 L팀장은 전혀 느끼지 못했다. 자신이 점점 핵심 보직에서 멀어지고 있다는 분위기는 감지하고 있었지만 개의치 않았다. 하지만 그렇게 당당하고 거침없던 L팀장에게도 위기가 찾아 왔다. 정기 인사발령에서 현업부서가 아닌 무 보직자로 장기간 역량개발 교육을 받아야 하는 대상자가 된 것이다. 기가 막힐 뿐이었다. 업무역량이 탁월하다는 것은 회사 내 누구나 다 알고 있는 사실인데 무엇이 문제란 말인가?

L팀장처럼 우수한 업무 역량을 가지고 있어도 저성과자로 선발 되는 경우가 종종 있다. 주된 요인은 〈Good to Great〉에서 말하고 있는 "적

합하지 않은 인재"이기 때문이다. 아무리 화려한 학력과 경력을 가지고 있더라도 조직이 추구하는 방향과 개인이 추구하는 방향이 다르면 인재라고 할 수 없다. 과거처럼 기술이나 지식의 정도로 인재를 구분하지 않는다. 사실 이러한 기준이 인재의 절대적인 판단 기준이었던 때가 있었다. 하지만 기업들은 수많은 시행착오를 통해 인재의 기준을 재정의하였다. 바로 조직이 추구하는 핵심가치와 목적에 부합하는지 사람인지가 더욱 중요한 판단 기준된 것이다. 그래서 위대한 기업의 리더들이 가장 먼저 착수하는 일은 적합한 사람을 버스에 태우고 적합하지 않은 사람을 버스에서 내리게 하는 일이다. '사람 먼저, 그리고 다음에 할 일'이 위대한 기업이 되기 위한 바람직한 프로세스이다. 흔히 회사에 중요한 자산은 사람이라고 하지만 정확하게 말한다면 '적합한' 사람이 진정한 자산이다. L팀장은 이런 측면에서 평가해 본다면 조직이 추구하는 방향과 조직의 가치를 공유하지 못한 사람이었다고 할 수 있다. 이처럼 객관적으로는 우수한 역량을 가진 사람이 회사 내에서 그 역할을 해내지 못할 경우 커뮤니케이션의 장애를 유발하게 되고 조직 분위기에 부정적인 영향을 끼친다.

L팀장 나름대로는 자신의 논리적, 이성적인 사고에 기준하여 회사의 정책이 합리적이지 못하다고 판단되는 경우 신랄한 비판과 당당한 소신을 굽히지 않았다. 또 야근, 철야를 해야 왠지 열심히 일하는 것처럼 보이는 조직 분위기, 부당한 상사의 지시에도 눈치 보느라 급급한 동료들에게 답답함을 느꼈을 것이다. 하지만 L팀장이 이러한 상황에 대처

하는 방식에 있어서 구성원들의 공감을 이끌어 내지 못했다. 상사의 질책에도 내색하지 못하고, 굴욕적인 상황에도 참고 견디어 내야 하는 동료들 입장에서는 매사 당당한 L팀장이 부러웠을 수도 있다. 하지만 부러움 이면에는 그들이 느낀 이질감과 상실감은 컸을 것이다. 또 사회적으로도 경제적으로도 부족할 것이 없는 사람이 자기 마음에 썩 내키지 않는 회사 왜 굳이 다니는 것인지 이해가 되지 않을 수도 있다. 이러한 L팀장의 거침없는 천상천하 유아독존식의 태도는 정의에 앞장서는 잔다르크의 역할이 아니라 조직 내 위화감 조성이라는 부정적인 역할로 영향을 미치고 있었다. L팀장도 자신의 어떤 부분을 동료들이 탐탁지 않게 생각하는지 어렴풋이나마 알고 있었지만 굳이 그들 틈바구니에서 동료의식을 나누고 싶은 생각은 없었다. 결국 L팀장 스스로를 조직에서 고립시키는 결과로 이어졌다. 그는 점점 조직의 아웃사이더로 머물게 되었고 비협조적이고 냉소적인 태도는 더욱 강화되어갔다. 조직의 입장에서는 아무리 탁월한 역량을 보유했다고 하더라도 L팀장과 같은 성향을 가진 사람과 계속 버스를 함께 타고 가기는 곤란하다.

제대로 비뚤어질테다

입사한지 20여 년이 되어가는 J차장은 회사 내 기피대상 1호이다. 누구도 그에게 말을 건네기 꺼려한다. 큰 마음 먹고 호의적인 대화를 시도해보지만 면박을 주거나, 핀잔, 꼬투리를 잡아 물고 늘어지는 통에 고개를 절레절레 흔들었다. 특히, 여직원들은 J차장이라면 기겁을 했다. 여직원들에게는 듣기 불쾌한 성희롱 발언으로 문제가 된 적이 여러 차례 있었기 때문이다. J차장은 농담한 것 가지고 너무 예민하게 반응한다면 대수롭게 않게 생각하고 있다. 이런 태도에 여직원들이 거세게 항의 하는 경우도 빈번했지만 주의를 주는 차원에서 무마되었다. J차장은 본인이 기분 내키는 날에는 직원들을 모아 놓고 자신의 화려한 인맥을 자랑했다. 학계, 정계, 경제계를 망라한 유명인사와의 두터운 친분 관계를 과시했다. 뿐만 아니라 자신이 어떻게 자산을 늘려갔는지 무용담이 쉴 새 없다.

J차장은 회사의 직원들 모두가 자신보다 아이디어나 능력면에서 형편없이 뒤쳐져있다는 확신에 차 있었다. 물론 그도 신입사원 시절에는 반짝 반짝 빛나는 존재였다. 언제부터인지는 모르겠으나 J차장이 이 정도로 조직에 부적응하게 될 줄은 누구도 예상하지 못했다. 안하무인의 태도를 가진 J차장을 사람들이 멀리하는 것은 너무나 당연한 일이었다. 직원들은 물론이거니와 J차장의 상사도 조직 분위기를 해치지 않으려고 J차장 업무에 개입하지 않으려 했다. 껄끄러운 사람이기에 인사발령 시즌만 되면 서로들 타 부서로 전출 보내려고 애썼다. 그러다 보니 J차장은 1년에 3번까지도 부서를 옮겨 다니게 되었다. 옮겨가는 곳마다 동료들은 거리감을 두었고 J차장은 점점 떠돌이 신세가 되고 말았다. 그럴수록 J차장은 조직과 점점 괴리감이 커져만 갔다. 문제는 그 뿐만이 아니었다. 개인의 재산에 대한 과시로 사람들의 눈살을 찌푸리게 만들고 있었다. 사실 J차장이 담당하고 있는 팀은 거의 와해직전에 있었다. 팀원들은 죽을 맛이었다. 툭하면 불러다가 밑도 끝도 없는 질문을 해대고 답변을 해도 아예 관심도 두지 않았다. 회의

시간에도 자기 할말 만 하고 항상 마지막에 회사가 왜 이 모양이냐는 말로 끝났다. 부하직원들이 의견을 제시하려고 하면 말을 자르거나 듣지 않고 결론을 내려버렸다. 아이디어를 제시해보아도 IQ 운운하며 인격모독을 당하기 일쑤였다. 특히, J차장의 문제는 근무시간 대부분을 업무 보다는 주식투자, 부동산, 재테크 등 사적인 일로 채우고 있다는 부분이다. 심지어는 자녀 대학진학을 위해 교육방송 특강을 듣고 노트에 정리하는 지극히 개인적인 일도 근무시간에 하고 있었다. 몇 번의 경고를 했지만 남들이 8시간에 해내는 일을 자신은 능력이 뛰어나 2시간 안에 다 해내고 있으니 전혀 업무에 지장을 주지 않는다고 기세 등등 했었다. 모두들 J차장의 리더십은 제쳐두더라도 직장에서 지켜져야 할 아주 기본적인 대화 예절이나 태도가 몹시 부적절하다고 생각했지만 누구도 선뜻 나서지 않으려고 했다. 괜히 J차장과 불편한 관계로 피곤하게 지내고 싶지 않았기 때문이다.

결국 J차장은 팀장 직급에서 강등되어 팀원의 신분으로 혼자 일하고 있다. 회사로서도 강력한 경고의 방법으로 인사조치를 강행했다. 하지만 몇 번의 경고와 몇 번의 무 보직 발령을 받았어도 눈 하나 꿈쩍 하지 않았다. 오히려 이런 인사조치를 당하면서 회사가 자신에게 어찌해 볼 수 없을 것이라는 확신만 갖게 한 것 같기도 하다. J차장은 사람들에게 노조와의 관계, 기타 등등 법적인 근거를 제시해가며 자신 만만해 했다. 회사는 이런 J차장을 어떻게든 변화 시켜 보려고 노력해 보았지만 번번히 실패하였다. 한편으로는 위험부담을 안고 퇴직도 권유보기도 했지만 오히려 역효과로 돌아왔다. 회사는 이제 더 이상 뾰족한 대안도 없고 이러지도 저러지도 못하는 상황이다.

J차장이 비뚤어진 태도를 보였던 이유는 아이러니 하게도 겉으로 보이고 있는 부적절한 행동과 정반대로 마음 속에는 상처 받기 쉽고 매우 예민한 여린 감정을 가지고 있었다. 경미한 불안과 충동성이 내재 되어 있어 엉뚱한 행동으로 반응하고 있었던 것이다. 심리검사 결과 J차장은 확고한 신념과 자신의 독특성, 유능함을 인정받는 환경에서 일 할 때 최고의 기량을 발현할 수 있으나, 인정을 받지 못하거나 좌절을 경험할 경우 적대적인 감정 조절이 어려웠다. 입사 당시 J차장은 총명하고 업무 처리능력도 대단히 우수한 인재로 평가 받았다. 사람들로부터의 인정 욕구에 대한 강도가 다른 사람보다 매우 높았으므로 무심코 던지는 한 마디 말에도 예민했다. 그럴수록 유약한 자신을 보호하기 위해 단단한 마음의 안전장치가 필요했다. 예를 들면 재력, 화려한 인맥, 판잔주는 어투, 면박주기, 약점 잡기, 폭언, 성희롱 등…. 이렇듯 과장된 겉포장을 통해 자신의 여린 마음을 드러나지 않도록 했다. 하지만 강한 모습을 보이면 보일 수록 사람들로부터 비난이 쏟아졌다. 그 비난에 상처 받지 않기 위해, 누구도 자신을 함부로 할 수 없도록 하기 위해 더욱 강해져야 했다. 조직의 평가, 사람들 사이의 평판이 어떤 내용이든 개의치 않았다. 어차피 나보다 뒤떨어지는 사람들로부터 받는 평가에 상처받고 연연해 할 필요 없다는 비뚤어진 위로가 악순환 되었고 직장인으로서 갖추어야 할 기본적인 예절의 범주를 벗어나는 행동으로 나타난 것이다.

J차장은 결국 조직이 나를 먼저 버리기 전에 내가 먼저 조직을 버린

다는 태도를 취하는 방법을 선택했다. 마치 이솝 우화 '여우의 신포도'와 같다고 할 수 있다. 자신의 손이 닿지 않아 먹지 못하는 포도를 향해 여우가 던진 말 "저 포도는 신포도일 거야. 그래서 안 먹는 것 뿐이야." 누구보다 조직으로부터의 인정을 원했던 사람이었지만 인정받지 못할 것을 두려워한 나머지 먼저 방어적인 태도를 취했고 그러한 거부적 행동을 통해 자신을 보호하고자 했던 것이다. J차장에게 물었다.

"무엇이 두려웠던 것인가요?"

"… 그러게요. 늘 강해져야 했어요. "

J차장은 사실 회사에 대한 애착이 누구보다 컸다. 그만큼 인정받고 싶은 욕구도 상대적으로 높았다. J차장이 보이고 있는 부적절하고 비뚤어진 행동 자체에 초점을 두고 변화를 시도하는 것은 마음의 문을 더욱 단단히 걸어 잠그게 하는 접근일 수 있다. 오히려 자기 내면의 여행을 시작할 수 있도록 도와주는 것이 변화의 첫 단추라 할 수 있다.

업무능력이 부족한 저성과자의 문제는 조직 구성원의 동기부여를 떨어뜨리고
팀워크에 영향

CHAPTER 02

C-Player저성과자에게 왜 관심을 가져야 할까?

02 C-Player 저성과자에게 왜 관심을 가져야 할까?

업무능력이 부족한 저성과자의 문제는 개인의 문제로만 그치는 것이 아니다. 조직 구성원의 동기부여를 떨어뜨리고 업무 몰입 저해, 팀워크의 와해, 생산성 저하 등 조직 전체의 성과 향상에 부정적인 영향을 미친다. 특히, 관리자급의 저성과자들에 대한 관리가 적절하게 이루어지지 못했을 경우 문제는 더욱 심각하게 나타난다

바늘 구멍에서 불어오는 황소 바람

'인재전쟁' 이라고 할 만큼 기업은 인재확보에 많은 노력을 쏟는다. 어떤 인재를 선발하느냐에 따라 회사의 성장이 지속될 수 있기도 하고 답보상태에 머무를 수도 있기 때문이다. 그만큼 인사담당부서의 역할 중 인재선발이 차지하는 비중이 높아지고 있다. 앞으로도 인재확보의 중요성은 HR(Human Resource)의 주요 이슈가 될 것이 분명하다.

그러나 인재선발과 동시에 이루어져야 하는 부분은 인재가 조직에 소프트 랜딩 할 수 있도록 꾸준하게 관리를 해줘야 한다. 어느 날 이들도 슬럼프를 경험할 수 있고 개인의 역량과 직무가 맞지 않아 제 기량을 발휘하지 못할 수 있다. 뿐만 아니라 인재관리가 제대로 운영되기 위해서는 핵심인재(A-Player)에만 집중할 것이 아니라 그 동안 간과되어온 저성과자(C-Player)관리가 함께 다루어져야 한다. 왜냐하면 소수의 핵심인재만으로도 성과가 높아진다면 상관 없겠지만, 기업은 구성원 전체의 시너지를 필요로 하기 때문이다.

아무리 훌륭한 스타 플레이어로 구성된 조정경기팀이라 해도 한 명의 선수가 다른 방향으로 노를 젓거나(C-Player) 혹은 현저하게 노 젓는 역량이 떨어진다면(C-Player) 그 팀이 경기에서 우승할 수 없는 것은 당연한 결과라고 할 수 있다. 어쩌면 조직 성과달성의 장애요소가 되고 있는 부분은 저성과자의 관리가 제대로 운영되지 못하고 있기 때문일 수도 있다. 목표를 공유하지 못한 한 명의 선수가 여러 명의 스타 플레이어 보다 더 위력을 가지고 있기 때문이다. 이것은 한 겨울 바늘만한 구멍에서 불어오는 차가운 황소바람에 비유할 수 있다. 조직의 저성과자 관리도 처음에는 작은 바늘 구멍에서 시작하지만 방치하게 되면 둑이 무너져 버릴 수 있는 위험요소가 될 수 있다. 인사담당부서에서 인재선발과 관리 방안에 대해서는 거듭 개선 방향들이 모색되고 있으나 저성과자와 관리 방안에 대해서는 기본적인 운영방안도 준비되어 있지 못한 것이 현실이다. 하지만 최근 한 대기업의 경영방침에 인재확보방안과 함께 저성과자 관리에 대해 언급하고 있어 이제 서서히 저성과 관리의 필요성이 부각되고 있다.

인재 확보와 함께 하위 5% 정도의 인력을 매년 교체한다는 상시 구조조정에 대한 지침도 만들었다. 이와 관련, OOO회장은 "구조조정은 평소에 하고 1~3% 정도의 감축이면 충분하다"고 말했다. 여기에 도덕적으로 문제 있는 인력을 지속적으로 정리하면 한꺼번에 10%, 20% 자르는 일은 없을 것이라고 했다. [2011.2.9. 조선일보]

소리없이 강한 저성과자의 파급효과

업무능력이 부족한 저성과자의 문제는 개인의 문제로만 그치는 것이 아니라 팀, 부서, 조직에 미치는 영향이 예상 밖으로 크다. 저성과자는 조직 구성원의 동기부여를 떨어뜨리고 업무 몰입을 저해하고, 팀워크를 와해시키며, 조직의 생산성을 저하시키는 등 조직 전체의 성과 향상에 부정적인 영향을 미친다. 특히 관리자가 저성과자일 경우 문제는 더욱 심각하게 나타난다. 회사의 정책에 대해 이해하지 못하고 잘못된 방향으로 의사결정을 한다거나 부하직원들에게 제대로 된 리더십을 발휘하지 못할 경우 지속적으로 저성과자를 양성하는 결과를 초래할 수 있다. 또한 저성과자가 일반 사원일 경우에도 여러 문제점이 나타날 수 있다. 저성과자가 소속팀에서 해당 업무를 제대로 수행하지 못한다면 다른 우수사원들이 자신의 업무 이외에 저성과자의 업무까지 떠 안게 되고 이는 업무 과부하로 이어져 스트레스의 주요인이 될 것이다.

또한 팀 성과와 연계되어 있는 보상 시스템이 보편화 된 요즘 저성과자로 인해 자신의 보상에 대한 불이익을 감수해야 하므로 우수한 핵심 인재들이 회사에 대한 로열티(Loyalty)를 상실하고 직무만족도가 저하되는 악순환을 겪게 된다. 이것은 악화가 양화를 구축하는 현상과 유사하다. 이처럼 조직이 저성과자 문제에 적극적으로 개입하지 않으면 조직뿐만 아니라 저성과자 개인에게도 부정적인 영향을 준다. 낮은 역량에 대한 인식이 부족한 상태에서는 조직 내외부에서 지속적인 성장의 기회를 상실하게 될 수밖에 없기 때문이다. 저성과자들의 문제는 대부분의 회사에서 공감하고 있는 부분이나 실행하는데 많은 어려움이 따르기 때문에 선뜻 손대기가 쉽지 않은 뜨거운 감자라고 할 수 있다. 그렇지만 이 뜨거운 감자인 저성과자 관리의 중요성 인식이 확대되고 있는 것은 분명하다.

관대함이 능사가 아니다

그 동안 사회적 통념, 온정주의적 정서가 강한 한국 기업들은 포용과 관대함으로 저성과자들을 수용해왔다. 그러나 각 기업은 강도 높은 목표 달성과 치열한 경쟁 체제의 상황 가운데 놓이게 되면서 성과지향적인 인력관리 체제를 강화하고 있다. 이 과정에서 그간 방치되어 왔던 저성과자 관리가 HR의 '뜨거운 감자'로 등장하고 있다. 무엇보다 전체 구성원이 전략적 목표에 한 방향 정렬되지 않으면 급변하는 불확실한 경영환경의 변화에 대한 대처와 지속적인 성과창출이 어렵다. 이제 핵심인재 확보와 육성에 대한 관심과 더불어 조직 내 사각지대에 놓여 있는 저성과자들의 역량을 개발시키고 이들에 대한 적극적인 지원 강화를 통해 기업의 경쟁력을 확보해야 한다.

그러나 대부분의 기업이 저성과자 관리에 대한 필요성에 대해서는 공감하지만 실행에 어려움을 호소하고 있다. 현실적으로 효과적인 해결방안 제시가 미비한 수준이며, 즉각적인 개입과 조치가 쉽지 않기 때문이다. 특히 저성과자 관리는 조직의 동요, 노동법의 제약요인, 갈등적 노사관계, 사회적 시각 등 대단히 민감한 이슈가 많기 때문에 누구도 이 '뜨거운 감자'에 손을 대기는 쉽지 않았다. 이처럼 저성과자 관리에 대한 현실적인 어려움이 있지만, 분명 저성과자 문제를 적극적으로 관리하지 않으면 현재나 가까운 미래에 더 큰 비용과 손실을 떠안게 된다는 사실 또한 간과해서는 안 된다.

고용 없는 저성장 시대

고용 없는 성장(Jobless Growth)이란 국가경제 전체적으로는 성장하고 있고, 생산이 늘어나는 데도 고용은 늘어나지 않는 현상을 말한다. 즉, 경제는 성장하고 있음에도 불구하고 일자리가 늘어나지 않거나 오히려 줄어드는 현상이다. 일반적으로 경제성장률이 2% 상승하면 실업률이 1% 하락하게 된다. 그런데 경제가 2% 성장하였음에도 불구하고 실업률의 하락이 1% 미만일 때를 고용 없는 성장이라 한다. 한국경제는 글로벌 경제위기를 극복하고 점차적으로 성장세를 나타내고 있지만 성장 대비 취업자 수는 늘지 않고 있다. 이것은 불황으로 나타나는 일시적인 현상이 아니라 고용 없는 성장의 시대가 시작 되고 있음을 말해주고 있다.

그 첫 번째 이유로는 기업경영의 글로벌화가 보편화되면서 고용창출 효과가 가장 큰 제조업이 해외(중국, 동남아시아 등)로 이전하여 해외에서 고용을 창출하게 되는 것도 고용 없는 성장의 한 원인이 되고 있다. 글로벌 경제하에서 경쟁이 가속화됨에 따라 기업들은 임금이 상승할 경우 가능한 사람을 뽑지 않고 기계화, 자동화 설비 등으로 대체하려고 한다. 특히, 노동 집약형 제조업체들은 어느 정도까지는 고용을 자본으로 대체하고 꼭 필요한 노동력은 국내보다 임금이 싼 해외에서 충당하게 되므로 기업들의 고용창출은 당연히 줄어들 수밖에 없다.

또한 기업들의 상시적인 구조조정으로 해고가 늘어난 반면 유휴인력을 재배치 하거나, 정규직의 포지션을 비정규직으로 대체하는 등 적시고용(Just-in-time Employment)이 정착되고 있기 때문이기도 하다. 기업의 경영, 재무상태가 호전되더라도 인력충원보다는 기존 인력의 생산성 향상, 아웃소싱 대체 등에서 대처하려는 경향이 크며 고용을 늘리려고 하지 않는다. '고용 없는 성장'의 원인은 무엇보다 세계경쟁이 치열해지면서 비용절감, 효율성 제고 차원에서 세계 각국 기업들이 상시 고용인원을 최소화하려는 경향이 뚜렷해지고 있다. 과거에는 경기침체로 인한 경영상의 어려움으로 해고했다가 경기가 회복되면 복직시키는 일시 해고가 일반적이었다. 그러나 최근 들어서는 기업의 경영, 재무상태가 호전되더라도 되도록 인력을 충원 하지 않으려고 한다. 이는 인력관리의 효율화가 목표이기 때문에 조직 내 성과에 기여하지 못하는 인력에 대한 적극적인 관리를 필요로 하고 있다.

인적자원 선 순환의 출발점

직장인들의 가장 기본적이면서도 강렬한 욕구 중에 하나는 바로 승진이다. 직장생활의 여러 가지 어려움을 견디며 도전하는 이유가 한 단계씩 위로 올라가는 승진제도가 있기 때문이다. 물론, 위로 올라갈수록 연봉이 높아지고 책임과 권한도 커지면서 성취감과 성장욕구를 충족시키고 일에 대한 동기부여를 받게 된다. 하지만 최근 들어 대기업,

중견기업들은 인사적체로 인해 효율적인 조직관리에 어려움을 겪고 있다. 과거에는 승진에서 누락되면 자연스럽게 선배가 후배를 위해 물러나는 선택을 하곤 했다. 하지만 지금은 그렇지 않다. 자연스럽게 물이 흘러 고여있지 않아야 하듯 조직도 정체되어 있지 않고 끊임없이 순환되어 적절한 긴장감을 유지해야 한다. 이에 반해 베이붐 시대에 해당되는 중간관리자급의 수는 항아리 형태로 조직의 중심부를 구성하고 있다. 이제는 조만간 조직의 직급체계의 구조가 항아리형 구조를 지나 역피라미드 형태로 바뀌어가고 있는 상태로 상당히 노령화되어 있다. 종업원들의 평균임금이 상대적으로 높아지게 되므로 인건비 부담은 커지기 마련이며, 조직전체의 활력도가 떨어져 움직임이 둔한 공룡조직형태가 되기 때문에 경쟁력이 크게 떨어질 수밖에 없다. 입구전략에는 많은 투자를 하지만 출구전략에는 대안이 없었던 것이다.

불확실성 속에서 기업이 생존하기 위해서는 조직이 요구하는 성과가 바뀌었는데도 수직적 관계 속에서 회사가 시키는 일만 겨우 하고 있는 뒤쳐지는 사람들을 모두 떠안고 갈 수밖에 없는 온정주의 인사철학과 개인별 능력이나 성과를 제대로 반영하지 못하는 연공주의 인사시스템이 인사적체문제를 가져온 원인이라고 할 수 있다. 물론 기업의 인사문제는 기본적으로 인력관리의 합리화와 인력의 효율적 활용을 전제로 조직활성화를 도모하고 조직구성원의 동기를 부여하는 차원에서 논의되어야 하며, 인사조직시스템의 재설계와 운영방법에 있어서 조직문화와 구성원의 정서에 적합하고 심리적으로 고용 불안을 부축이지 않는 방법이 모색되어야 한다.

조직규모에 비해 큰 인력구조 개선을 위한 조직 슬림화 작업, 신규채용 확대 가능, 경영전략 수정에 따른 조직 통폐합 효율성 제고 등 끊임없는 조직의 개편작업으로 인한 인력의 효율성 문제가 수면에 떠오르고 있다. 인사 적체 현상은 최근 들어 어느 날 갑자기 생긴 이슈가 아니다. 80년대 고도 성장기를 지나 90년대의 저성장 안정기로 접어들면서부터 이미 제조업을 중심으로 대다수 기업에서 심각한 문제로 등장했다. 특히 산업구조의 고도화와 기술혁신에 따른 디지털 인프라의 확산과 함께 노동시장은 양적 질적으로 변화하고 있다. 또한 전반적인 기업 성장의 둔화와 직업관이나 가치관의 변화 등으로 말미암아 인사적체 현상은 날로 심각해지고 있어 인사 및 조직관리의 새로운 변화를 요구하고 있다. 기업들은 과거 전형적인 조직구조의 형태에서 벗어나 더욱 성과지향적인 조직구조로 개편하고자 안간힘을 쓰고 있다. 이는 치열한 경쟁에서 살아남기 위한 기업의 생존전략이기도 하다. 기업들뿐만 아니라 정부부처, 공기업들도 성과 관리시스템에 기반한 조직개편에 변화를 시도하고 있다. 효과적인 조직개편을 위해서는 먼저 현재 조직의 생산성 저해 요소가 무엇인지 핵심요인을 찾아야 한다.

조직이 문제인가? 아니면 사람이 문제인가? 조직을 바꾸면 현재 안고 문제점이 해결될 것이라고 생각하는가? 혹 사람 때문에 조직을 바꾸려 하고 있지는 않는가? 조직개발의 관점에서 살펴보면 새로운 성과중심의 조직 형태로의 전환에 대한 접근보다는 구성원 개인 문제로부터 실마리를 풀어가고 있다. 결국 성과지향적 조직의 개편은 구조와 기능의 새로운 형태 제시보다는 개인이 보유한 역량을 최대한으로 발휘하는 부분에 초점이 맞춰져야 한다.

기업은 성과를 달성하기 위해 모든 구성원들이 하나의 방향으로 움직여 전략을 실행할 수 있도록 해야 한다. 하지만 C-Player라고 불리는 성과 부진자들은 기업이 추구하는 목적을 달성하는데 부정적인 영향을 미치고 있다. 기업이 C-Player들을 제대로 관리하지 않을 경우 우선 조직성과의 질이 떨어져 경쟁력을 상실하게 될 우려가 있다. C-Player들은 업무를 제대로 소화하지 못하기 때문에 다른 구성원들이 이들의 업무까지 떠맡게 될 소지가 있다. 이는 다른 재능 있는 구성원들로 하여금 조직 만족도를 떨어뜨리고, 구성원 로열티가 하락하게 되는 부작용을 낳기도 한다. 하지만 C-Player를 구분한다는 것은 매우 민감한 부분이며 현업부서장이나 인사담당자들이 가장 어려워하고 꺼려 하는 부분 중의 하나이다. 특히 연공서열 의식이 강한 우리나라 기업들의 상당수가 이러한 이유로 지금까지 C-Player 관리를 방치해 온 면이 있다.

심각한 인사적체현상의 해소를 위해서는 전략적인 차원에서 인사관리의 변화와 조직관리의 효율화 정책을 추진해야 한다. 무엇보다 과감한 성과주의 인사시스템으로의 전환으로 인적자원의 효율화를 통한 기업의 경쟁력 제고를 추진해야 한다. 조직이 건강하고 스피드하게 움직이기 위해서는 인적자원의 입구와 출구 시스템이 갖춰져 자연스러운 흐름이 있어야 한다. 그런데 대부분의 조직들이 입구전략은 있으나 출구전략이 없어 정체되어 있다는 것이 큰 고민이다. 사실 부진인력들까지 모든 직원들을 정년까지 끌고 간다는 건 현실적으로 불가능하다. 핵심인력을 중심으로 경쟁력 있는 조직을 만들기 위해서 성과주의 인사정책을 도입하고 있지만 실제로 심각한 문제를 피하면서 자연스러운 퇴출이 일어날 수밖에 없도록 하는 출구 시스템으로서의 역할을 해주고 있는 것이 바로 성과주의 인사체계다. 공정한 평가시스템과 조기 경보 시스템의 구축을 통해 C-Player관리가 운영된다면 자연스러운 출구전략으로서 HR의 중요한 역할이 될 것이다. 이제 성과주의 인사시스템에 기반한 저성과자 관리 제도를 도입하여 구축해야 할 시기가 도래한 것이다.

기업은 성과를 달성하기 위해 모든 구성원들이 하나의 방향으로 움직여 전략을 실행할 수 있도록 해야 한다. 하지만 C-Player라고 불리는 성과 부진자들은 기업이 추구하는 목적을 달성하는데 부정적인 영향을 미치고 있다. 기업이 C-Player들을 제대로 관리하지 않을 경우 우선 조직성과의 질이 떨어져 경쟁력을 상실하게 될 우려가 있다.

…이 저성과자 관리를 적극적으로 하지 못하는 이유는 평가의 신뢰도 때문…

CHAPTER 03

C-Player저성과자 관리가 왜 힘들까?

적법한 절차가 수반되지 않으면 법률적 리스크에 직면할 수 있다

03 C-Player 저성과자 관리가 왜 힘들까?

기업이 저성과자 관리를 적극적으로 실시하지 못하는 가장 큰 이유는 평가의 신뢰도 때문이다. 그리고 C-Player라고 하더라도 조직 내에서 오랜 유대관계를 형성하고 있어서 이들에 대한 강력한 인사 조치를 취하는 일이 쉽지만은 않다. 특히 법제도적 관점에서 볼 때 해고의 정당한 사유와 적법한 절차가 수반되지 않으면 부당해고라는 법률적 리스크에 직면할 수 있다.

온정주의적 문화와 정서

저성과자 관리가 어려운 이유 중 첫 번째는 체면을 중시 여기는 유교주의적 문화와 관계중심적인 온정주의적 정서를 가지고 있기 때문이다. 이러한 조직문화의 배경에서는 저성과자를 선발한다 해도 권고사직, 해고, 전직과 같은 강력한 인사상의 조치를 수용하기 쉽지 않다. 능력의 정도 차이는 있겠지만 저마다 나름대로 회사를 위해 열심히 일하지 않은 사람은 없다는 생각에 동의한다. 능력에 따른 공정한 차별보다는 함께 하는 공동체 의식이 더 강하다고 할 수 있다. 이러한 정서는 대체적으로 보수적이고 안정적인 조직에서 더 뚜렷한 경향을 보이고 있다. 기존의 집단문화, 연공서열주의, 권위적인 문화가 최근 들어 많은 변화를 가져왔다고 하나, 아직도 저성과자를 선발해내야 하는 성과관리 인사시스템을 수용하는데 초기 진입장벽이 높은 편이다. 이러한 성과관리시스템에 대한 심리적 저항감이 저성과자 관리 시스템을 수용하는데 부정적인 정서 형성과 조직의 동요의 염려가 앞서, 최고의 사결정권자와 실무 담당자는 중압감을 감당해내기 힘들다. 또한, 구성원들은 외부의 위협을 차단하기 위해 구성원간의 강력한 구성원간의 연합을 하게 된다. 최고 의사결정권자와 경영진은 무리수를 두지 않기 위한 선택을 하게 되고 이러한 심사숙고의 과정이 거듭됨에 따라 장기간 소요된다. 한편으로 조직은 경영의 주요 이슈가 발생될 때 '양치기 소년'의 방법을 통해 조직의 긴장감을 형성하고 일시적인 경고 차원 수준에 조치들을 취해왔다. 이러한 반복적 학습은 저성과자 관리에 실패 경험을 누적하게 만든 요인이었다.

조직 커뮤니케이션 차원에서 우리나라 기업의 조직문화를 살펴보면, 대부분 비공식 의사소통을 통해 정보를 획득하게 된다. 이러한 정보 획득의 통로는 사실에 근거한 객관적인 수용보다는 추론과 추측을 여과 없이 빠르게 전파, 확대, 재생산되는 위험성을 가지고 있어 부정적인 대응과 불안감을 가중시키는 부작용을 낳기도 한다. 물론, 비공식적인 채널의 순기능은 소속감과 안정감을 부여하고 안전벨브 역할을 하기도 한다. 그러나 저성과자 관리라는 대단히 민감한 사안에 대해서는 공식적이든 비공식적이든 구성원들이 이중적인 커뮤니케이션을 할 가능성이 크다. 대부분의 구성원들은 개인적으로는 성과평가결과에 적절하고 공정한 처우를 원하고 있지만, 표면적으로는 저성과자 관리의 이슈를 도외시 한다거나 관심 밖의 영역에 둠으로써 관대화시키려는 경향을 보이고자 한다. 저성과자들이 조직에 문제를 발생시키고 있다는 것에 공감하나, 날카로운 칼날을 들이대는 것에 대해는 회피하고자 하는 경향이 크다.

반면, 외국계 기업의 경우 조기경보시스템 가동이 어느 정도 정착되고 있는 추세이다. 입사 시 성과관리 프로세스와 인사상의 조치에 대한 가이드를 받고 있고 이것이 회사의 정책으로 자리잡아가고 있다. C-Player들에 대한 관리 원칙을 명확히 한 다음에는 그 내용을 구성원과 공유해야 한다. 예컨대 회사가 C-Player를 관리하는 이유는 퇴출을 목적으로 하는 것이 아니라, 궁극적으로 성과주의 문화를 구축하기 위한 혁신 프로그램의 한 방안이며, 따라서 제 능력을 발휘하지 못하는 구성원들에게 기회를 재부여하고 돕겠다는 의지를 표명할 필요가 있다.

물론 회사의 노력에도 불구하고 일정 수준에 못 미칠 경우 발생될 조치에 대해서도 분명하게 전달해야 한다. 회사의 C-Player 관리 원칙을 구성원들에게 명확히 전달함으로써, 조직 전반에 건전한 긴장감을 조성하는 것이 가능하다. 또한 구성원들은 그들의 업무를 스스로 더 효율적이고 생산적인 방향으로 바꾸고자 한다. 물론 이것이 지나쳐 부정적이거나 침체되는 문화가 형성되지 않도록 조심할 필요는 있다. 이러한 원칙에 대한 의사소통은 기존 구성원뿐만 아니라 신규 입사자에게도 이루어져야 한다. 입사를 결정하기 전에 회사의 제도에 대해 명확히 알고 있을 때, 제도에 대한 구성원의 불만이 줄어들기 때문이다. GE의 경우 신규 입사자들이 이미 전체 구성원의 하위 10%가 퇴출된다는 것을 알고 들어왔기 때문에, 구성원 스스로가 하위 10%에 들지 않기 위해 최선의 노력을 하며 퇴출 시에도 큰 문제가 발생하지 않는다. 국내 저성과자 관리의 도입을 위해서는 단기간에 저성과자 제도 도입과 그 성과를 도출하기 보다는 중장기적인 전략으로 접근하는 것이 큰 부작용 없이 구성원들이 수용하고 자연스러운 HR의 정책으로 자리매김 할 수 있는 효과적인 방법이 될 수 있다.

평가시스템으로 측정하기 어려운 현실

저성과자 관리를 적극적으로 기업들이 실시하지 못하는 가장 큰 이유는 평가 신뢰도의 문제때문이다. 국내의 평가제도는 타당성과 공정성 측면에서 아직 모호하고 취약하기 때문에 단정적으로 C급을 분류하기가 어렵다. 그래서 인사담당자들은 저성과자 관리를 제대로 하기 위해서는 먼저 평가의 신뢰성 확보 작업을 선행해야 한다.

첫 번째 원인은 평가를 받는 기준이 명확하게 정의되어 있지 않고 목표 설정 시 단순히 평가자의 주관적인 판단에 의해 결정되는 평가항목과 평가항목별 목표의 설정이다. MBO식 성과관리 체계가 유행처럼 거의 모든 조직에 보급됐지만 일부 대기업을 제외한 대부분의 기업들은 조직의 전략과 목표에 연계된 성과중심의 핵심성과지표(KPI: Key Performance Indicator)의 체계적인 실시가 매우 미흡한 수준이다.

두 번째 원인으로는 평가 기준 이외에도 구성원이 실제로 평가를 실행하는 경우에 있어 설정된 목표에 대한 객관적인 평가가 철저히 이루어지지 못한다는 점을 지적할 수 있다. 평가자 교육의 확대에도 불구하고 여전히 많은 평가자들은 연공서열에 의해 진급 대상자를 높게 평가한다 던지 혹은 차별적 성과배분에 대한 일부 구성원들의 비난을 두려워한 나머지 팀워크를 강조한다는 명목 하에 형평성을 강조한 나눠먹기식의 평가 등을 하고 있는 것이 현실이다. 그 결과 구성원들은 낮은 등급을 받게 될 경우 이를 수긍할 수 없게 된다. 이렇게 평가가 엄정하게 이루어지지 않는 환경 하에서는 C-Player 관리가 제대로 이루어질 수 없다.

세 번째 원인으로는 환경의 변화와 직급별 경험 등을 고려한 목표 대비 조직 기여도나 난이도를 감안하지 않고 설정된 목표에 대한 다분히 주관적이고 비체계적인 평가를 실시한다는 점을 들 수 있다. 이런 이유들 때문에 구성원들은 자신의 평가결과에 대해 수긍하지 못하게 되고 이런 환경 하에서 제대로 된 저성과자의 관리가 이루어지기 힘든 것은 당연한 결과이다. 저성과자를 효과적으로 관리하기 위해서는 객관적인 평가시스템의 정비가 필수라고 할 수 있으며, 평가결과의 활용 측면에서도 적절한 방식으로 저성과자의 관리가 이루어져야 한다.

노사관계의 뜨거운 감자

회사의 경영악화가 지속되어 긴박한 경영상의 사유가 있는 경우에는 불가피하게 인력구조조정을 실시하기도 하지만 그렇다고 저성과자 위주로 진행되지는 않는다. 국내의 제도나 여건에서는 분명한 귀책 사유 없이 성과가 낮다는 이유만으로 퇴출 할 수 없기 때문이다. 또한 법적으로 저성과자의 개념 정의가 명확하지 않은 가운데 저성과자 해고 사유의 정당성 인정 기준이 각 사안에 따라 다양하게 적용되고 있으므로 운영하는데 어려움이 이만저만 아니다. 특히 법률적인 관점에서 볼 때 해고의 정당한 사유와 적법한 절차가 이루어지지 않으면 부당해고라는 법률적인 리스크을 떠안게 된다. 또한 퇴출 이전에 회사측은 저성과자들에게 반드시 역량개발의 기회를 충분히 제공했는지의 노력 여부도 퇴출 절차의 중요한 법적 판단 근거가 되므로 철저한 사전 준비 작업이 필요하다. 그러나 조직 내부에서는 선발방법, 교육훈련 방법, 평가제도, 인사제도의 유기적인 관리 과정이 준비 되어 있지 못하므로 이러한 민감한 사안을 처리하는데 한계를 가지고 있다.

특히, 저성과자 관리는 근로기준법, 노조와의 관계, 정치적 이해 관계 등과 얽히게 되면 내부에서만이 아닌 외부로부터 압력을 받게 될 수도 있다. 저성과자 관리는 법적인 문제뿐만 아니라 사회 정서의 문제를 일으키게 할 민감한 이슈들이 많기 때문에 노사관계의 뜨거운 감자로 다루어지고 있다. 무엇보다 이러한 제도를 시행하기에 앞서 노조와의 합의를 이끌어 내는데 예측할 수 없는 변수들이 작용하게 된다. 저성과자로 선발된 직원들 입장에서는 노동조합이 자신들을 보호해 주어야 할 의무가 있다고 생각한다. 노동조합의 입장에서는 다분히 노사관계의 핵심 쟁점이 될 수 있는 사안이므로 적극적인 지지와 옹호를 취하게 된다. 반면, 노동조합측도 비공식적으로는 저성과자 관리에 대한 필요성을 인식하고 제도 실행에 동의하나 공식적으로는 찬성할 수 없는 입장을 취할 수밖에 없는 경우들이 종종 있다. 만약 저성과자 퇴출제도가 정치적인 이슈로 부각되면 저성과자 선발 자체부터 쉽지 않다. 이럴 경우 성과에 집중하기 위한 합리적인 제도로 긍정적인 검토를 하기에 앞서 반대를 위한 무조건적인 반대의 입장을 고수하게 된다. 그 결과 정작 선발되어야 할 사람은 빠지고 애매모호한 사람들이 대상자가 되어 선의의 피해를 보는 경우도 있다. 또 어떤 경우는 저성과자를 선발하여 프로그램에 참여시킨 결과 모두 긍정적으로 수용하고 복귀 의지를 다지고 있는 중에 다시 노동조합에서 정치적 이슈로 쟁점화 시켜 이들의 업무복귀를 지연시키는 사례도 있었다. 이 과정에서 회사측과 노조

간의 갈등이 아닌 노조와 노조원간의 갈등으로 걷잡을 수 없이 번진 일도 있었다. 상황이 이렇게 복잡하고 민감하다 보니 회사측이나 노조측에서도 쉽게 저성과자 관리제도를 도입하기 어려울 수밖에 없다. 저성과자 제도가 안정적으로 정착되기 위해서는 꾸준한 예방적 노사관계를 가져야 신뢰라는 토대가 만들어 질 수 있다. 이러한 관계는 저성과자 관리 제도 도입의 필요성에 대한 수용성을 높일 수 있고 제도 시행 이후 발생할 수 있는 갈등요인을 최소화 시킬 수 있다. 저성과자 관리 제도 도입 전에 노조와 다양한 대화 채널을 구축하고 공감대를 형성해야 효과적인 운영이 가능하다.

누구도 알려주지 않는 불편한 진실

비공식 의사소통 채널(Grapevine) 이 갖는 긍정적인 점은 직원들간에 끈끈한 유대감과 소속감의 결속력을 통해 안정감을 느끼게 한다는 점이다. 반면, 사실에 근거한 진실을 이야기하는데 매우 서툴러 직설적인 의사소통보다는 우회적으로 돌리고 돌려 전달하다 보니 애초의 사실이 와전되어 오해가 오해를 만들어 내는 부작용을 가지고 있다. 정기적인 성과면담제도가 있다 하더라도 막상 면담의 장면에서 상사는 부하직원에게 개선하고 보완해야 할 점에 대한 언급을 하지 않는 경우가 대부분이다. 상사라 하더라도 상대방이 들어서 불편한 이야기들을 꺼내려 하지 않는다. 인사부서 담당자들도 마찬가지이다. 실무에서 관찰하고 평가할 수 있는 담당부서가 아니므로 현업의 라인 매니저들이 피드백을 하는 것이 합리적이라고 생각한다. 라인과 스텝의 담당자들이 그 부담을 떠안으려고 하지 않는다.

두 부서 모두 낮은 고과 결과를 받은 당사자가 '본인 스스로 그 뜻을 헤아려 알겠지' 라는 수준에서 조치를 더 이상 하지 않는다. 하지만, 당사자는 그렇게 받아들이지 않는다. 승진하고 첫 고과시기였기 때문에 어느 정도 불이익을 감수할 수밖에 없다고 위로하거나, 상사 라인의 사람이 아니라 처음부터 공정한 게임이 아니었다고 생각한다. 그 밖의 기타 등등의 나름대로 해석한 사유들의 공통점은 제대로 된 의사소통이 없다는 것이다. 특히, 민감한 사안에 대해서는 누구도 공식적인 피드백을 해주지 않았다는 점이 안타까운 부분이다. 당사자도 안개 속에서 헤매 수밖에 없다. 막연한 이유들을 떠올려본다. 마음에 걸리는 몇 가지 사건들에서 단서를 잡는다. 아마 대개 감정적인 부분으로부터 출발한 문제로 정리한다.

이 과정에서 겪게 되는 오류로 인한 결과는 변화에 대한 자기 인식보다는 임시방편적인 처세술의 미숙이 그 원인이라고 생각하게 된다는 것이다. 볼록 거울을 보고 자신의 모습에 대해 착시를 일으키는 것처럼 사실을 왜곡해서 해석하게 되고 변화의 방향 또한 왜곡된 선택을 한다. 이것은 개인이나 조직에게 비효율적인 접근이다. 낮은 평가 결과를 수용할 수 있으려면 사실에 근거한 분명한 피드백이 이루어져야 한다. 물론, 처음에 누구도 불편한 사실을 받아들이기 힘들어한다. 그러나 이러한 과정을 거치지 않고는 결과를 수용하기 어렵게 된다.

'주홍글씨' 라는 낙인효과

저성과자 관리제도를 선뜻 도입하기 꺼리는 가장 큰 이유 중의 하나가 낙인효과라는 부정적인 시각에 대한 우려 때문일 것이다. 한번 저성과자로 지목 받게 되면 영원히 회복 불가능한 사람이라는 꼬리표를 달고 살아야 하는 것은 아닌가에 대한 리스크을 과감하게 선택하기 쉽지 않다. 이것은 회사의 입장에서도 대단히 신중한 선택을 할 수밖에 없는 제도이고, 개인의 입장에서도 절대적으로 거부할 수밖에 없는 제도이다. 대부분의 회사는 저성과자를 선발하고 관리하는 것이 마치 대상자에게 주홍글씨를 가슴에 새기는 일과 같다고 여긴다. 그러다 보니 저성과자 관리 방안준비과정에서 무산되는 경우가 대부분이다.

처음에는 제도의 필요성을 절실하게 인식하고 강력한 의지로 추진해 나간다. 타사의 사례연구, 노조와 관련 이슈, 직원들의 정서에 미칠 영향, 예상되는 리스크 대비 방안 등 고려하여 직속 상사에게 보고한다. 보고를 받은 상사는 고개를 갸웃거린다. 아무래도 우려되는 점이 많기 때문이다. 다소 완화된 프로그램으로 수정하여 담당 임원에게 보고한다. 담당임원도 고개를 갸웃거린다. 상당부분 완화된 프로그램으로 보고했다고는 하나 역시 임원입장에서는 과감하게 밀어부치기에는 리스크가 크기 때문이다. 행여라도 노조와의 관계 악화의 쟁점이 될 수도 있고 이러한 제도를 받아들이지 않으려는 직원들의 거센 항의가 염려될 수밖에 없다. 이처럼 여러 가지 우려되는 부분이 많기는 하나 무엇보다도 결정적인 이유는 개인에게 주홍글씨라는 낙인을 찍는다는 것이 너무나 가혹한 인사조치라는 생각에 많이 망설이게 되는 것이다. 그 즈음 되면 애초에 기획했던 방향과는 사뭇 다른 방향으로 흘러가고 있음을 느끼게 된다. 드디어 몇 차례의 중간 보고 과정과 수정이 거듭되어 마침내 최종안이 확정 된다. 하지만 결국 기존의 틀과 크게 다르지 않는 교육과정으로 마무리가 된다. 왠만큼 강한 의지와 추진력으로 밀어부치지 못한다면 유야무야 제도 자체가 없어지거나 답보상태로 머물 수 밖에 없게 된다.

직장생활을 하다 보면 회사로부터 높은 인정받아 승승장구하는 시기도 있지만 한 번쯤은 좌절을 경험할 수도 있고, 또 누구나 한 번쯤은 실수를 하기도 한다. 직장생활은 마치 롤로 코스터와 같다. 쏜살같이 올라가기도 하고 쏜살같이 내려오기도 하는 업앤다운(Up and Down)의 연속과정이다. 잠시 자신의 역량을 발휘하기 어려운 환경 가운데 놓인 사람에게 더 이상 가능성을 기대하지 않는다는 것은 매우 가혹한 일이다. 그렇기 때문에 저성과자 관리에 대한 막연한 두려움과 거부감을 갖게 된다. 한번 저성과자는 영원한 패배자라는 생각이 저성과자 관리 도입의 긍정적 측면을 가로막고 있는 요인이다. 주홍글씨의 죄수로 생각하는 극단적인 사고야말로 회복의 가능성을 완전 차단해버리는 위험하고 편협한 사고이다. 사실 저성과자 중 업무 복귀를 준비하는 사람들의 염려는 조직에서 자신을 대하는 동료들의 시각이다. 역량개발 프로그램을 통해 자신의 문제점을 충분히 이해하고 긍정적인 변화의 모습을 갖게 되었다 하더라도 막상 복귀 후 함께 일하는 상사와 동료들의 시각이 여전히 냉담하다면 그들은 정말 주홍글씨라는 굴레에서 벗어나기 힘들 것이다. 이런 조직문화에서 저성과자 관리를 도입한다는 것은 요원한 일이 될 수밖에 없다.

HR부서의 기피업무 '0' 순위

인재관리의 중요성을 이해하면서 HR 부서의 기능은 점차 전문화, 세분화 되고 있다. 이제 말로만이 아닌 실제 조직의 전략적 파트너의 역할을 적극적으로 해내고 있다. 이처럼 HR의 역할이 강화되면서 다루어야 할 영역의 범위도 확대되고 있으나 아직까지도 인사담당부서의 직원들이 달가워하지 않는 업무 중 하나가 바로 저성과자 관리와 관련된 업무이다. 빛나는 인재들을 관리하는 업무는 조직의 가시적인 성과에 기여하는 업무이므로 흔쾌히 맡고 싶어 하나 저성과자를 관리해야 하는 일은 직원들에게 따가운 눈초리를 감수해야 하므로 기피할 수 밖에 없다. 물론 최고 의사결정권자와 경영진이 저성과자 운영 방안에 대해 최종적인 정책을 수립하게 되지만 실행 실무 부서인 HR부서는 직원들과 직면해야 하는 입장이므로 항의와 반발을 고스란히 떠안을 수밖에 없다. 특히 운영의 어려움 중 하나는 고성과자에게 사용되지는 예산에 대해서 후하게 여겨지나, 저성과자 교육 예산에는 대단히 야박한 편이다. 일 못하는 사람에게 돈까지 써가며 교육시킬 필요가 있느냐라는 대다수의 생각 때문에 업무를 추진하는데 이만 저만 애로사항이 있는 것이 아니다. 그러다 보니 HR부서의 누구도 저성과자 업무를 맡고 싶어하지 않는 것은 당연한 일이다.

저성과자들이 선발된 대상자가 HR 담당자보다 상사일 경우 더욱 난처해진다. 본인이 모시고 일하던 상사를 관리하고 평가해야 한다면 아무리 대담한 사람이라 하더라도 진땀 나는 일이다. 오히려 선발 대상자보다 담당자의 긴장도가 더 높아 힘들어하는 경우도 있고, 운영원칙을 분명하게 적용하기 보다는 관대하게 눈감아 주려는 경향을 보이기도 한다. 아예 이런 곤혹스러운 상황을 피하기 위해 외부전문기관에 전체 과정을 위임하고 교육장에 모습을 보이지 않기도 한다. 심지어는 저성과자 업무에서 벗어나고자 타 부서로 전출을 서두르는 경우도 있다. 인사발령으로 떠나게 될 때도 부랴부랴 뒤도 돌아보지 않고 간다. 제대로 된 인수인계 과정이 없다 보니 새로운 후임자는 저성과자 업무를 파악하는데 동일한 시행착오를 겪을 수밖에 없다. 왜 이렇게 저성과자 업무를 기피하려고 하는 것일까? 아마 회사에 쏟아지는 불만과 불평을 HR 담당자가 모두 책임져야 한다는 과도한 중압감 때문일 것이다. 다른 하나는 평가결과에 대한 인사상의 조치 예를 들면 권고사직이나 직위해제 등과 같은 극단적인 상황에 대한 부담감일 것이다.

다양한 회사와 다양한 직급의 저성과자 교육을 운영하면서 운영주체가 어떠한 사람이냐가 교육성과의 키워드임을 경험할 수 있었다. 즉, 실무 담당자가 어느 정도의 열정을 가지고 적극적으로 개입하느냐에 따라 대상자의 변화 개선도에 큰 차이를 가져온다는 것이다. 아무리 유능한 외부 전문가가 저성과자를 관리 하더라도 실무 담당자의 역량에 따라 저성과자들이 보이는 변화의 모습은 확연히 다르다. 경우에 따라 기대 이상의 성과를 만들어 내기도 하고 많은 에너지와 시간, 예산을 투자했음에도 불구하고 오히려 역효과로 나타나는 경우도 있다. 후자의 경우 '어떻게 하면 이 업무에서 벗어날 수 있을까?' 만 생각하는 소극적인 태도로 프로그램을 운영하는 담당자들이라는 공통점이 있다. 저성과자 관리 업무가 지금은 HR부서에서 기피하는 허드렛일로 치부되고 있지만 분명 하나의 업무분야로 정착될 수밖에 없다. 사실 Talent Management매뉴얼은 넘쳐나고 있지만 C-Player Management 매뉴얼은 거의 공유되지 못하고 있다. 그만큼 축적된 정보나 경험이 미미한 수준이다. HR 담당자들이 저성과자 관리에 열정을 가지고 일한다면 보다 긍정적인 역량개발의 접근이 가능할 것이다.

저성과자 관리를 위해서는 우선적으로 구체적인 정의가 있어야

다음으로는 어떠한 근거자료를 가지고 선발할 것

한 원칙이 수립되어야 한다

CHAPTER 04

C-Player저성과자 관리를 어떻게 해야 할까?

04 C-Player 저성과자 관리를 어떻게 해야 할까?

> 저성과자 선발에 앞에 먼저 저성과자에 대한 암묵적인 정의를 명시적인 정의로 기술하여야 한다. 상당기간 낮은 업무 성과를 보이거나 조직 부적응 기간이 지속되고 있는 직원, 태도 문제로 조직 내 부정적인 영향을 주고 있는 직원 등등 회사마다 다소 상이한 정의를 가지고 있을 수 있다. 저성과자의 정의가 정리되면, 다음으로는 '어떠한 근거자료를 가지고 선발할 것인가?' '어느 정도의 인원을 선발할 것인가?' '어떠한 방법으로 관리할 것인가?'에 대한 관리 원칙이 수립되어야 한다.

선발방식

저성과자를 선발할 때 가장 고민이 되는 부분이 바로 평가에 대한 공정성과 객관성을 확보할 수 있느냐의 문제이다. 특히 보수적이고 안정적인 조직에서는 명확한 선발의 기준을 설정하기가 힘들다. 성과를 정량적으로 측정할 수 있는 업무가 아닌 조직이 아니라면 더욱 그러하다. 성과 부진의 주된 요인은 업무능력이나 성과 보다 태도의 문제에 기인한 경우가 많기 때문에 더욱 저성과의 원인을 규명하기 어렵다. 특히, 태도와 관련된 문제를 어떤 방식으로 평가해야 하는지 효과적인 도구를 찾기 쉽지 않다. 설령, 태도의 문제에 대해 정성적인 부분을 강화하여 평가하고 있다고 해도 공식적인 통보절차를 거쳐 선발하는 과정은 쉽지 않다. 저성과자로 선발된 사람들을 마주대하고 보면 거의 대개의 경우 본인보다 더 문제가 있는 사람이 많은데 왜 자신이 선발 되었는지 분노, 억울한 감정을 토로한다. 결코 자신의 문제를 인정하는 경우는 드물다. 물론, 낮은 성과의 이유가 개인의 능력 또는 태도의 문제일 수 있으나 개인차원으로만 접근하기 보다는 조직 또한 적절한 환경을 제공하지 못했을 수도 있다. 예를 들면 업무 난이도, 부서 배치, 대인관계의 어려움 등 다각적인 조직차원에서 저성과의 원인들을 찾아볼 필요가 있다. 그러므로 저성과자 선발 시 개인과 조직이 미치는 영향의 여러 변수에 대해 충분한 사전 검토가 이루어지는 작업이 선행되어야 한다.

저성과자 관리를 위해 우선적으로 해야 할 일은 과연, '저성과자는 누구인가?' 에 대한 구체적인 정의가 있어야 한다. 회사마다, 조직마다 각기 다른 저성과의 개념을 가지고 있을 것이다. 회사 소개 홈페이지마다 인재상에 대해 구체적으로 언급되어 있는 내용을 볼 수 있다. 이처럼 핵심인재의 상세한 정의처럼 저성과자 또한 구체적으로 어떠한 사람인지에 대한 상세한 정의가 필요하다. 일반적으로 업무 수행능력이 떨어지는 사람과 상당기간 동안 성과가 낮은 사람을 저성과자로 분류한다. 개념으로는 이해가 되나 대상자를 선발 시에 근거마련과 선발기준으로 적용하기 어려운 측면이 있다. 예를 들어 조직 부적응이 오랜 기간 지속된 직원, 태도의 문제로 부서 내 팀워크에 좋지 않은 영향을 주고 있는 직원, 조직문화를 공유하지 못하는 직원, 심리적인 문제로 업무집중이 어려운 직원 등 구체적인 행동관찰 기술서가 필요하다. 이와 같은 선발기준의 정의가 정리되면, 다음으로는 '어떠한 근거자료를 가지고 선발할 것인가?' '어느 정도의 인원을 선발할 것인가?' '어떠한 방법으로 관리할 것인가?' 에 대한 원칙이 수립되어야 한다.

무엇보다 저성과자 선발과 관리방식의 핵심포인트는 각 회사가 처해 있는 상황을 고려해야 한다는 것이다. 예를 들면 구조조정, 인사적체, 성과주의 인사 조직개편 등이 주요이슈 일 수 있으나 가장 관심을 가져야 할 부분은 각 회사마다 가지고 있는 조직문화를 충분히 반영한 선발방식으로 결정해야 한다. 최근 저성과자 관리를 도입하려는 회사의 경우를 보면 저성과자 선발 과정부터 큰 난관에 부딪히는 것을 볼 수 있다. 그만큼 구성원들의 심리적 반항이 만만치 않기 때문이다. 저성과자 관리가 회사에 소프트 랜딩 되기 위해서는 조직문화에 적합한 선발방식을 취해야 한다. 준비되지 않은 선발은 도입도 하기 전에 불협화음과 구성원들의 반발, 노조와의 문제 등에 부딪히게 되며 제도를 도입하려고 했던 처음의 기대와 전혀 동떨어진 결과를 초래하게 된다. 또한 마녀 사냥, 줄 세우기, 인기관리, 조직의 동요 등 바람직하지 않은 방향으로 흘러갈 가능성이 높다. 대체적으로 저성과자 선발방식은 크게 인사고과 선발방식과 드래프트제 선발방식을 활용하고 있다.

인사고과선발방식

D회사의 경우 철저한 상대평가를 실시하여 최하위 3회 연속 부진자 및 조직 부적격 인력에 대해서는 상시적으로 퇴직을 유도하며 보통 저성과자 대상자에 대해 3개월동안 직무 대기 과제를 부여하고 개선의 여지가 없는 경우 퇴직시키게 된다. 상대평가에서 인사고과가 3년 연속 최하위를 기록하면 퇴직할 수밖에 없는 대상자가 되기도 한다. 조직의 성과기여에 문제를 일으키는 부적격 직원일 경우 리더십 진단을 실시하거나 담당 부서장의 의견과 인사 부서의 모니터링을 통해 선정하게 된다. 인사고과 평가를 토대로 저성자를 선발하게 되는 경우는 성과평가 시스템이 안정적으로 구축되어 있는 조직에서 가능하다고 할 수 있다. 또한 상사와의 주기적인 성과면담 피드백을 통해 저성과에 해당하는 대상자들이 본인들의 상황을 충분히 인식하고 소명의 기회도 부여한다. 보통 인사고과와 다면평가 결과를 근거로 하위 3% 이내의 인원을 선발한다.

회사에 따라 1~10% 규모로 선발하는 등 일정치 않으며, 대상 적용 범위가 다르기도 하다. 동일 직급 내에서 인원을 선발하는 경우 조직 내부의 긴장도가 높아지고 인사적체 해소에 어느 정도 적절한 방안이 되기도 하지만 내부 직원들의 반발에 심하게 흔들릴 수 있다. 보다 합리적이고 설득력 있는 프로세스가 마련되어야 하며 회사의 정책이 일관성 있게 직원들에게 전달되어야 한다. 또 다른 경우 직급과 관계없이 전직원을 대상으로 일정 퍼센트를 적용하는 경우도 있다. 이 경우는 대체적으로 관리직이 배제된 하위직 또는 기능직을 중심으로 선발되는 부작용을 낳을 수도 있다. 강제 할당인원을 채우기 위한 임시방편으로 사용되고 있어 묻지마식의 선발 방식으로 변질 될 우려가 있다. 경우에 따라 급박한 경영 상의 이유로 일정한 규모의 퍼센트 기준 없이 필요시 마다 일시적으로 선발하기도 한다.

A회사의 경우 인사고과방식에 근거한 삼진 아웃제를 도입하여 운영하기도 한다. One-Out이 되면 1개월간의 역량개발 교육을 받고 원직복귀해 근무한다. 이후 1년간의 인사고과 결과 One-out 대상자가 다시 하위3%에 해당되면 Two-out에 해당되어 6개월간의 역량개발교육을 받고 다시 원직 복귀한다. 이후 1년간의 인사고과 결과 시 Two-out대상자가 다시 하위 3%에 해당이 되면 삼진아웃으로 퇴출 처리된다. 이러한 인사고과 선발 방식의 절대적인 전제는 합리적이고 공정한 평가시스템의 구축과 더불어 반드시 상사와의 성과면담 보고서가 꾸준히 축적되어 있어야 한다는 점이다. 서울시의 경우 최초 실시한 2007년 현장시정지원단은 드래프트제도로 선발하 였으나 부작용을 최소화하기 위해 2008년부터 인사고과 선발방식과 병행하여 운영하였다. 이를 위해 각 부서장의 분기별 성과 면담 일지 작성을 정례화하였는데, 이는 저성과자에 해당된 자들이 이의제기를 할 때 근거 제시를 위한 자료로 활용했다.

드래프트제

정부기관 중 최초로 저성과자 프로그램을 도입한 서울시는 2007년 최초에는 드래프트제를 도입하여 운영하였다. 프로 스포츠에서 신인선수를 선발하는 것처럼 인사대상자를 인력 풀 형태로 인력시장에 보내어 각 부서장들이 인력시장에서 마음에 드는 직원을 헤드헌팅 하듯 선발하는 방식이다. 이와 같은 과정을 거치며 선발되지 못한 직원들은 다시 인사부서의 최종심의를 거쳐 구제된 직원들은 적정부서에 배치를 받게 된다. 하지만 업무 능력이 현저하게 떨어지거나 근무태도가 좋지 않은 것으로 최종 판정을 받은 직원들은 재교육 프로그램인 현장시정지원단에 발령을 받고 역량개발교육에 참여하게 된다. 서울시를 시작으로 최근 정부의 강도 높은 공기업 구조조정의 일환으로 저성과자 관리에 대한 방안들이 적극적으로 마련되고 있다. 대상자 선발 시 인사고과 선발방식으로 적용하는데는 다소 무리가 있으므로 드래프트 선발방식을 선호하고 있다. 그러나 회사 내 인맥과 친분관계에 따라 인사가 결정될 수 있고, 대상자에 대해 자세히 알지 못하는 상황에서 막연한 평판에 의존하는 경향이 나타나기도 한다. 무엇보다 가장 우려되는 점은 의사결정권을 가지고 있는 특정인에게 직원들이 줄을 서는 문화가 생길 수 있다는 점이다.

주로 공기업 중심으로는 드래프트 방식이 선호되고 있는데, 이것은 아마도 설득 가능한 평가기준을 마련하기가 쉽지 않기 때문일 것이다. 또한 평가에 대한 합리성과 공정성에 대한 이의제기 시 문제를 최소화

인사고과와 드래프트 선발 방식의 장단점

	장점	단점	보완 사항
인사고과 선발방식	업무수행능력 및 성과 기여도에 근거한 평가	연공서열 조직문화에서는 합리성, 공정성 확보하기 어려움	주기적인 상사의 성과면담과 수용 가능한 성과 평가 시스템 구축
드래프트제 선발방식	초기 도입 시 구성원의 반발우려 낮은 편	인기영합 또는 줄세우기로 변질될 우려 높음	인사고과 기본DB활용 및 후속 조치 강화

할 수 있는 방식이기도 하다. 반면, 일반적으로는 인사고과 방식이 활용되고 있다. 두 가지 방식 중 어떠한 방식이 더 효과적이라고 말할 수는 없다. 다만, 조직의 문화와 정서에 적합한 방식을 선택하여 운영하는 것이 바람직하다. 하지만 드래프트제가 갖는 단점을 보완하기 위해서는 장기적으로는 인사고과 방식을 기반으로 한 드래프트제가 운영되어야 할 것이다. 저성과자로 평가 받는 것이 개인의 역량이 부족하거나 부적응적 태도에 기인한 개인의 귀책사유일 수도 있겠지만, 회사의 평가제도에 대한 공정성을 신뢰 할 수 없는 경우 또는 평가자가 숙련된 평가 기술을 익히지 않아 미숙한 평가를 한 경우 등 조직적인 문제일 가능성도 있다. 그러므로 평가의 오류, 평가자의 감정적 대응, 상대평가와 절대평가의 차이 등 공정한 평가를 위한 체계적인 준비 기간이 필요하다.

통보면담

저성과자에 대한 선발과정을 마치면 간과하기 쉬운 것이 바로 통보과정이다. 선발과정 이후 단계인 개인 역량보완 프로그램 과정에 몰입도를 높이기 위해 반드시 필요한 과정이다. 왜 저성과자로 선발되었는지에 대한 분명한 이유와 향후 조직이 기대하는 목표에 대한 구체적인 기대사항 또는 역량보완 프로그램을 통해 변화되지 않았을 경우 인사상의 조치에 대해 전달해야만 한다. 이것을 통보면담 단계라고 한다. 하지만, 대다수 기업의 인사담당자들이나 저성과자를 관리하고 있는 현업부서장들이 통보면담 과정의 중요성을 잘 인식하지 못하고 있다. 누구도 이 뜨거운 감자에 손대고 싶지 않기 때문일 것이다. 물론 인사담당 부서에서도 대상자에게 결과만 통보하게 될 뿐이지 정작 선발 사유 관해서는 애매모호한 설명을 하게 된다. 당사자의 입장에서 보면 답답하기 그지 없을 것이다. 그러다 보니 대상자는 자신에게 뚜렷한 귀책사유가 없기 때문에 회사가 정당한 선발사유를 설명하지 못하는 것이라고 자기 합리화를 하게 된다.

이러한 일련의 과정들은 대상자가 조직의 평가를 객관적으로 수용하기 보다는 감정적인 대응으로 일관하도록 만든다. 통보면담은 선발에 대한 부정적인 피드백 보다 역량개발을 위한 회사의 지원과 개인의 변화 가능성에 초점이 맞추어져야 한다. 그렇기 때문에 통보면담이 저성과자 관리 운영에 있어 긍정적 의미를 전달하는 과정이라고 할 수 있다. 효과적인 저성과자 관리를 위해서는 성과 및 역량 피드백, 향후 제공되는 프로그램을 통해 본인이 변화되어야 할 영역, 조직의 기대 등에 대해 논의되어야 한다. 서울시도 저성과자 관리제도를 처음 도입하게 된 2007년에 이와 같은 시행 착오를 경험하기도 했다. 현장시정지원단에 입소하게 된 대상자들에게 유선상으로 통보하거나 적절하지 않은 공간에서 대상자 선발통보를 진행했었다. 물론 대상자 개인 사생활 보호를 위한 조치였지만 사실 이 과정에서 좀 더 충분한 준비를 하고 대상자에게 통보되었다면 초기에 불필요한 감정적 동요를 막을 수 있었고 교육의 몰입도와 변화수용도가 높았을 것이라 판단된다. 이와 같이 저성과자 선정 통보 시 구조화된 대화의 틀을 이해하고 실행에 옮길 수 있도록 '통보면담 매뉴얼'을 활용하면 효과적이다.(부록1 통보면담메뉴얼 참고).

운영프로세스

기획단계

기획 단계는 주요 관계자 대상의 인터뷰 및 조직의 의사결정에 영향력을 미치는 집단의 인터뷰를 진행하며, 저성과자 선발을 위한 기초 자료 수집 및 이를 위한 진단과 개발 대상 역량을 선정하는 것으로부터 시작된다. 즉, 저성과의 사유가 단순한 업무 수행 역량으로부터 기인한 부분인지, 그 외 태도 및 기본적인 대인관계에서 비롯된 부분인지를 파악해야 한다. 이처럼 성과부진을 보이고 있는 대상자가 부정적인 평가를 받고 있는 원인을 규명해낼 수 있는 진단도구를 선정하여야 하며 이를 기본 토대로 하여 역량개발의 프로그램 구성 방향과 교육의 기대효과를 구체화 해야 한다. 대상자 개인별 보완되어야 할 역량이 뚜렷하게 도출되지 않는다면 투입되는 자원, 시간, 비용, 조직 내 미칠 영향을 도출해내기 어렵다. 대상자의 개발 역량을 선정하기 위해 인터뷰 과정에 가장 먼저 착수하게 되며 주요 인터뷰 대상자는 프로그램 관련자, 교육 대상자의 상사, 동료, 부하직원들 중 일부에 대한 샘플 인터뷰, 관련 분야 전문가의 의견을 청취하게 된다.

〈그림 4-1〉 기획단계

1 기획	2 진단	3 프로그램 운영	4 역량향상도 평가
· Key-Man Interview & Focused Group Interview · Semi-Competency Modeling : 역량향상 프로그램의 촛점이 될 역량 선정 · 프로그램 기획회의	· 역량 진단 · 역량 진단 Tool : 다면 진단, 인성검사, 역량검사, Semi-Assessment Center 기법 적용 · 역량 진단 보고서 작성 · 역량 진단 결과 피드백	· 진단 결과를 기초로 하여 교육 프로그램 운영 · 사전 기획단계에서 진단과 교육 간의 구조적인 연계점 확보를 통해 교육효과 높임. · 과정 중 지속적인 평가와 관리를 통한 과정평가 실시 · 개인별 경력개발 코칭병행	· 교육 종결 후 역량향상 수준에 대한 재평가 · 초기 역량수준과의 비교/분석을 통한 향상도 평가 · 추후 자기관리 프로그램 작성 · 개별 피드백 코칭운영

인터뷰내용

- □ 프로그램 기획 동기 및 제반 요구 사항
- □ 프로그램 대상자들의 주요 행동패턴 및 문제점
- □ 프로그램 대상자들의 주요 문제행동 사례 수집
- □ 본 프로그램을 통한 단기적인 기대효과는?
- □ 본 프로그램을 통한 장기적인 기대효과는?
- □ 본 프로그램에 대한 장기적인 운영계획은?
- □ 본 프로그램과 관련된 세부적 고려사항

진단단계

저성과자 관리의 필요성에 대해 공감하지만 효과적인 해결방안을 찾기가 쉽지 않은 것이 사실이다. 이는 단지, 저성과자 관리가 낮은 성과와 역량부족에 기인한 문제로만 접근하여 해결할 수 없기 때문이다. 저성과자들은 단순히 외적으로 드러나는 행동이나 역량뿐만 아니라 기본적인 인성에 대한 평가와 검토가 필요하다. 효과적인 저성과자 관리를 위해서는 역량진단 및 심리검사를 기반으로 저성과의 유형별 원인 분석이 실시되어야 하며 이에 따라 각기 다른 후속방안이 마련되어야 한다. 기본적으로 사용되는 검사도구에는 역량검사, 심리적인 역동성을 파악할 수 있는 인성검사, 대인관계 및 커뮤니케이션을 이해할 수 있는 성격유형검사, 경력개발과 관련하여 정체감이나 혼란을 경험하고 있는지 파악해 볼 수 있는 경력전략검사, 가정, 직장 내외에서 직무몰입에 영향을 주고 있는 요소 발견을 위한 검사, 직무 및 업무강도의 스트 레스 수위를 파악할 수 있는 검사 등을 진단도구로 활용한다. 다만, 종종 병리적 접근이 필요한 대상자에게는 추가적인 검사가 실시된다.

저성과에 영향을 미칠 수 있는 다양한 원인 분석을 위한 어세스먼트(Assessment) 기반의 진단과정을 거쳐야만 개인별 다양한 저성과의 핵심 원인을 찾아 낼 수 있으며 역량 상의 장단점을 파악하고 보안, 개선 개발되어야 할 구체적인 역량개발 목표 설정이 가능해 진다. 이러한 검사 결과 실시 후 보완해야 할 역량, 심리 진단 종합 보고서가 제공되며, 대상자와 1 : 1 진단 피드백 상담을 통해 업무 몰입 저해 요소와 성과 장애요소, 기타 개인의 심리적인 이슈에 대한 전체적인 저성과 원인을 발견해가도록 해야 한다. 일반적으로 저성과자 프로그램 운영 시 역량진단과정이 포함되어 있지 않고 집합교육으로만 풀어가려고는 하기 때문에 변화의 개선을 기대하기 어렵다. 건강에 적신호를 느낄 때 종합검진을 받아야 하는 것처럼 저성과자의 업무 몰입 저해 요소가 무엇인지 명확하게 진단, 분석하여 대안을 마련하는 것이 저성과자 관리의 시작점이라고 할 수 있다. 또한, 대상자의 역량수준에 대한 사전, 사후 평가를 통해 보완역량의 개선 정도를 파악할 수 있도록 역량향상도 평가가 함께 이루어져야 한다.

역량의 빙산모형

진단도구의 목적과 내용

역량진단 검사 (Competency Test)

개인의 역량특성을 진단 분석하고 이 결과를 토대로 개인의 맞춤형 역량개발 기회를 제공하는 도구이다. 객관적이고 균형 있는 역량진단 및 역량에 기초한 효과적인 교육훈련 프로그램을 위하여 역량모형을

〈그림 4-2〉 역량의 빙산

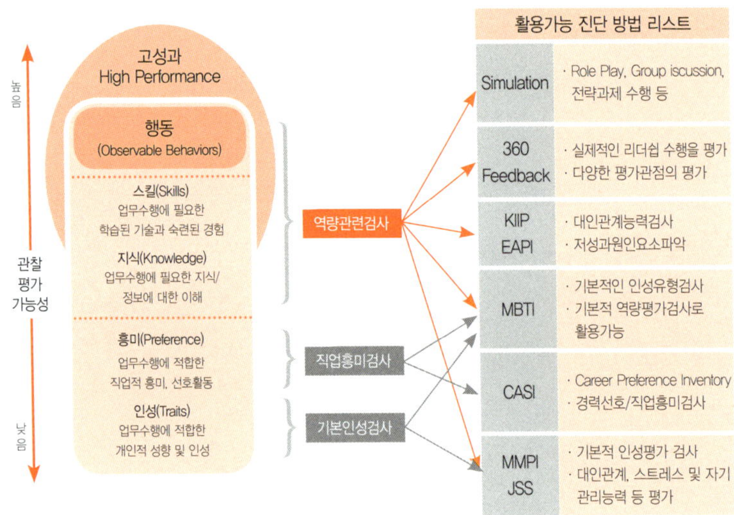

〈그림 4-3〉 진단도구의 목적

역량 진단 도구	진단목적 및 내용
Competency Test	다양한 상황 하에서의 대처능력 평가 / 교육 후 역량향상도 진단
MMPI	기본적 인성과 자기관리능력 등에 대한 다면적 인성검사
MBTI	업무스타일 및 다양한 행동 경향성, 역량 잠재력에 대한 성격유형검사
EAPI	저성과 원인요소(직장내외) 파악
JSS	직장 내 스트레스 원인 파악
CASI	업무수행 및 경력태도 평가를 통해 직무수행의 장애요소 파악

역량 상 장단점 평가

역량개발 목표 설정

저성과 원인파악

교육 및 코칭에 반영함

사전역량진단

역량개발교육(집합교육)

역량개발코칭(1:1코칭)

사후역량진다 (역량향상도평가)

구축하여야 한다. 역량모형은 총 4개의 역량군과 각 역량군별로 2개씩의 개별역량으로 구분되어 있다. 4개의 역량군은 대인관리역량, 자기관리역량, 변화관리역량, 성과관리역량이며, 이들은 개별적으로 2개의 역량으로 구분되어 총 8개 역량을 중심으로 역량을 진단하게 된다.

역량의 구조와 정의 및 행동 지표

대인관리 역량(Managing People)

대인관리역량은 타인과의 대인관계 형성과 관련된 태도 및 기술과 관련된 능력이다. 대인 관리역량은 관계 형성 및 커뮤니케이션과 팀워크 형성 등 두 개의 개별 역량으로 구성되어 있다. 〈그림4-5〉

변화관리 역량(Driving Change)

변화관리역량은 환경적인 변화에 대하여 주도적이고 적극적으로 대처하는 능력이다. 변화 관리역량은 변화관리 · 주도와 전략적 사고 기획 등 두 개의 개별 역량으로 구성되어 있다. 〈그림 4-6〉

〈그림 4-4〉 역량의 구조와 정의 및 행동지표

〈그림 4-5〉 대인관리 능력 (Managing People)

Cluster	Competency	Definition	Key Behavior
대인관리 능력 (Managing People)	관계형성 및 커뮤니케이션	효과적인 커뮤니케이션을 바탕으로 주요 이해관계자 및 업무 파트너와 우호적 관계를 형성함.	타인과 개방적이고 우호적인 커뮤니케이션을 시도한다. 상대방의 요구와 기대 수준을 파악하여 대처한다. 우호적 관계형성에 필요한 관계기술을 활용한다.
	팀웍 형성	공동의 목표 달성을 위해 팀 목표를 우선시하고 상호이해를 바탕으로 협력적 분위기를 조성함.	공동의 목표를 공유하고 협력적 분위기를 조성한다. 타인과 최적의 시너지를 발휘할 수 있는 방안을 모색한다. 타인의 특성과 입장에 따른 차별적 접근을 시도한다.

〈그림 4-6〉 변화관리 능력 (Driving Change)

Cluster	Competency	Definition	Key Behavior
변화관리 능력 (Driving Change)	변화관리/주도	변화의 필요성을 인식하고 구체적인 방향과 목표를 설정함으로써 조직 및 자신의 변화를 주도해나감	분명한 변화의 필요성을 인식하고 변화를 주도한다. 구체적이고 실천적인 변화의 단계들을 설정하고 계획한다. 변화와 관련된 장애나 불안 요소를 분석하고 적극적으로 대처하여 해결한다.
	전략적 사고/기획	복잡한 문제나 상황을 전체적인 관점에서 이해하며, 중요 이슈를 찾아 효과적인 목표와 단계들을 설정/기획함.	조직 내외부의 다양한 경로로부터 필요한 정보를 수집한다. 조직의 전략이나 목표에 부합하는 중요 이슈를 선정한다. 중요 이슈를 해결할 수 있는 실천적 단계들을 기획한다.

성과관리 역량(Driving Result)

성과관리 역량은 자신의 주어진 역할과 관련된 우수한 의사결정 및 수행능력이다. 성과관리 역량은 성취지향과 결단력, 추진력 등 두 개의 개별역량으로 구성되어 있다. 〈그림4-7〉

자기관리 역량(Managing Self & Work)

자기관리 역량은 자신의 역할 수행과 관련된 자기관리 및 조절 능력이다. 자기관리역량은 계획 및 업무조직화와 자기계발 등 두 개의 개별역량으로 구성된다. 〈그림4-8〉

역량진단 검사(Competency Test)의 활용

이상의 4대 역량의 구조와 정의, 행동지표를 측정할 수 있는 Competency Test는 상황판단검사 형식으로 구성된 역량진단 도구로서 직무상황에서의 구체적인 행동반응을 중심으로 하여 실제적인 역량진단을 하는데 유용한 도구이며 특히, 사전, 사후 역량평가를 통해 역량향상도를 평가라는 교육의 ROI를 측정해 볼 수 있는 용이한 도구이기도 하다.

역량진단 검사는 상황판단검사(Situational Judgment Test)의 형태로 구성되어 있다. 상황판단검사 란 목표 직무와 밀접한 관련이 있는 과제나 행동에 초점을 둔 상황 시나리오를 제시하고, 각 역량들을 반영하는 선택 옵션 중 최적의 혹은 가능한 대안을 선택하도록 함으로써

〈그림 4-7〉 성과관리 능력 (Driving Results)

Cluster	Competency	Definition	Key Behavior
성과관리 능력 (Driving Results)	성취지향	주어진 역할에 책임을 다할 뿐 아니라 보다 새롭고 높은 목표를 설정하여 도전함으로써 자신 및 조직이 발전함과 더불어 주어진 성과목표를 달성함.	현재 자신의 역할과 책임을 완수하여 분명한 성과를 달성하고자 한다. 조직의 목표와 자신의 성취 간의 조화를 추구한다. 자신의 발전과 조직의 발전을 동시에 고려하여 추구한다.
	결단력/추진력	합리적으로 의사결정하고 결정된 사항에 대하여 의욕적이고 진취적으로 실천하고자 함과 동시에 관련된 장애나 난관을 효과적으로 해결하여 성과를 달성함.	다양한 의견 및 객관적 정보를 바탕으로 장단기적 효과를 고려한 의사결정을 한다. 역할과 책임을 명확히 하고, 열정과 노력을 지속하여 목표를 달성하고자 한다. 돌발상황이나 위험요인에 대해 방지하거나 적절히 대처한다.

〈그림 4-8〉 자가관리 역량 (Managing Work & Self)

Cluster	Competency	Definition	Key Behavior
자기관리 능력 (Managing Work & Self)	계획 및 업무조직화	목표달성을 위해 자신의 업무상 역할, 책임, 권한을 명확히 하고 일의 우선수위 및 시기적 조절과 분배를 통해 관리함.	업무 수행을 위해 분명하고 구체적인 세부 목표를 설정한다. 업무 수행 상 필요한 자원/인력을 파악하고 확보한다. 효과적인 시간 안배를 통해 업무 수행의 기한을 정확히 달성하고자 한다.
	자기통제력	자신의 업무에 대해 주인의식을 가지고 실행하며, 업무 수행 과정 중 생기는 스트레스나 어려움에도 불구하고 업무에 대한 열정과 노력을 지속함.	자신의 업무에 대해 긍정적인 마인드와 자신감을 가진다. 지속적인 열정과 노력으로 자신의 업무를 완수하고자 한다. 관련된 스트레스나 상황적 어려움을 극복하고자 하여 궁극적인 목표를 달성하고자 한다.

피검자의 역량을 진단하는 평가방식이다. 일반 정신능력검사, 성격검사, 흥미검사는 어떤 구성개념을 측정할 것인가에 초점을 두고 개발되

〈그림 4-9-①〉 역량진단 검사 보고서 예시

Cluster	Competency	Definition	
대인관리 능력 (Managing People)	관계형성 및 커뮤니케이션	효과적인 커뮤니케이션을 바탕으로 주요 이해관계자 및 업무 파트너와 우호적 관계를 형성함.	(1) 2 3 4 5 (부적합) (최적합)
	팀웍 형성	공동의 목표 달성을 위해 팀 목표를 우선시하고 상호이해를 바탕으로 협력적 분위기를 조성함.	1 (2) 3 4 5 (부적합) (최적합)
성과관리 능력 (Driving Results)	성취지향	주어진 역할에 책임을 다할 뿐 아니라 보다 새롭고 높은 목표를 설정하여 도전함으로서 자신 및 조직이 발전함과 더불어 주어진 성과목표를 달성함.	1 (2) 3 4 5 (부적합) (최적합)
	결단력/ 추진력	합리적으로 의사결정하고 결정된 사항에 대하여 의욕적이고 진취적으로 실천하고자 함과 동시에 관련된 장애나 난관을 효과적으로 해결하여 성과를달성함.	(1) 2 3 4 5 (부적합) (최적합)
변화관리 능력 (Driving Change)	변화관리/주도	변화의 필요성을 인식하고 구체적인 방향과 목표를 설정함으로서 조직 및 자신의 변화를 주도해나감	(1) 2 3 4 5 (부적합) (최적합)
	전략적 사고 /기획	복잡한 문제나 상황을 전체적인 관점에서 이해하며, 중요 이슈를 찾아 효과적인 목표와 단계들을 설정/기획함.	1 (2) 3 4 5 (부적합) (최적합)
자기관리 능력 (Managing Work & Self)	계획 및 업무조직화	목표달성을 위해 자신의 업무 상 역할, 책임, 권한을 명확히 하고 일의 우선순위 및 시기적 조절과 분배를 통해 관리함.	1 2 3 (4) 5 (부적합) (최적합)
	자기통제력	자신의 업무에 대해 주인의식을 가지고 실행하며, 업무 수행 과정 중 생기는 스트레스나 어려움에도 불구하고 업무에 대한 열정과 노력을 지속함.	1 (2) 3 4 5 (부적합) (최적합)

나 상황판단 검사는 역량요소를 기반으로 하여 업무수행능력의 수준을 예측하는데 초점을 두고 개발한 도구이다. 형태상으로는 저충실도 시뮬레이션에 해당하여 경제성과 편리성을 보유하고 있다. 사실 고충실도 시뮬레이션은 평가센터 방식, 실제 상황하에서 행동 관찰해야 하는 등으로 제작과 사용에 고비용이 소모되고 편리성이 저하되는 취약점을 가지고 있으므로 저충실도 시뮬레이션이 적합하다고 할 수 있다.

활용 잠재력 측면에서 본다면 비가시적인 역량평가가 가능한 장점이

〈그림 4-9-②〉 역량진단검사 보고서 예시

Cluster	Competency	Definition	
대인관리 능력 (Managing People)	관계형성 및 커뮤니케이션	효과적인 커뮤니케이션을 바탕으로 주요 이해관계자 및 업무 파트너와 우호적 관계를 형성함.	① 2 3 4 5 (부적합) (최적합)
	팀웍 형성	공동의 목표 달성을 위해 팀 목표를 우선시하고 상호이해를 바탕으로 협력적 분위기를 조성함.	1 ② 3 4 5 (부적합) (최적합)
대인관리역량 관련 특성			
기본적으로는 내향적인 성향이 매우 강한 편으로, 활발하고 다양한 사람들과의 관계보다는 소수의 사람들과 깊이 있는 관계를 형성하는 편으로 판단됨. 소수의 대상들과 지속적이고 안정적 관계를 통한 신뢰로운 관계 형성에 능함. 그러나 전반적으로 대인관계에 대한 흥미나 동기 수준 자체가 낮을 가능성이 시사됨. 특히 낯선 사람에 대한 긴장 및 경계 수준이 매우 높은 편으로 대인관계 상 친밀한 관계를 형성하기 전까지는 매우 소극적이고 수동적인 태도를 보이는 것으로 보여짐. 스스로에 대한 강한 내적 기준과 원칙을 보유하고 있는 만큼 타인들에게도 이를 기대하고 요구하는 편임. 따라서 자신이 설정한 내적 기준과 원칙을 제대로 따르거나 혹은 이에 맞추어 행동하지 못하는 사람들과의 관계에서 부정적 태도를 가지거나 혹은 회피적인 행동을 보일 수 있음.			

있다. 실제 행동으로 발현된 관찰 가능한 행동과 자료들을 중심으로 한 정보와 더불어 비가시적이고 관찰하기 어려운 내재된 역량 잠재력이나 태도와 가치 등을 평가하는데 활용된다. 따라서 역량향상활동의 결과를 평가하여 실제 역량 개선 수준을 평가하는 역량향상도 평가도구로서 활용도가 높다. 또한 인재 육성 계획 수립 시 방향성을 명료화할 수 있는 도구로서 활용된다. 상황판단 검사의 특성상 다양한 상황에서의 다양한 행동들을 구성할 수 있다. 따라서 이를 기반으로 하여 실제 역할수행 상 잘 경험하지 못하는 다양한 상황들에 대한 대처 패턴을 진단하고 이를 기반으로 하여 구체적이고 실제적인 육성계획을 수립하는데 필요한 정보들을 수집할 수 있다.

MBTI검사

〈그림 4-10〉 MBTI 검사 척도

〈MBTI 주요개념〉

폭넓은 활동력	외향 (Extraversion)	에너지방향 /주의촛점	내향 (Intraversion)	깊이와 집중력
실용성/ 현실감각	감각 (Sensation)	정보 인식 /수집 방식	직관 (iNtuition)	비젼과 통찰력
논리와 분석력	사고 (Thinking)	판단과 결정 방식	감정 (Feeling)	인화력
조직과 추진력	판단 (Perceiving)	전반적인 생활양식	인식 (Perception)	수용과 적응력

MBTI와 주요 역량(예시)

	전략적 사고	실행/추진력	코칭
외향/ 내향		◎	○
감각/ 직관	◎		
사고/ 감정	◎	○	◎
판단/ 인식		◎	

MBTI검사는 상담 및 심리치료 분야, 대인관계, 커뮤니케이션 등 다양한 분야에 광범위하게 활용되고 있는 성격검사 도구 중 하나이다. 특히 최근 들어 리더십, 인력개발, 조직개발 등 교육훈련 분야에 유용하게 사용되고 있다. 이 도구의 장점은 긍정적 측면의 다양한 정보를 통해서 자기 이해를 돕고 타인에 대한 이해의 폭을 넓히는 데에 도움이 된다. 특히, 역량개발 키워드의 포인트를 활용하기에 용이한 도구이다. MBTI는 세계적으로 다양한 역량을 평가하는데 널리 사용되는 성격유형 검사 중 하나이며 경제적이고 효과적으로 업무 스타일, 대인관계 패턴 등을 진단하는 도구이다. 〈그림4-10〉

MMPI검사

MMPI는 가장 전통 있고 일반적으로 가장 널리 사용되는 전문 인성

〈그림 4-11〉 MMPI 검사 척도

〈MMPI 구성〉

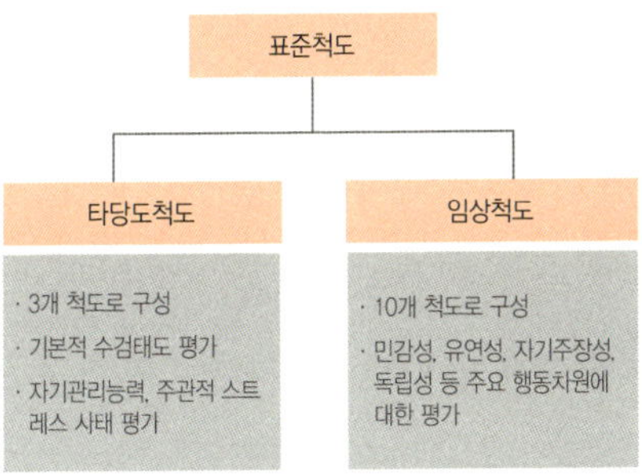

〈MMPI와 주요 역량〉

	전략적 사고	실행/추진력	코칭
임상척도1. Hs			
임상척도4. Pd	◎	○	
임상척도9. Ma	○	◎	
임상척도0. Si		◎	○

평가도구이다. 수많은 관련 도구를 통하여 그 타당성과 신뢰성, 효과가 입증된 검사로서 임상적 목적으로 개발되었으며 정 상인의 성격 특성 및 기업을 위한 인성평가 도구로 활용되고 있다. MMPI검사는 직장문제와 개인문제에 걸쳐 포괄적인 영역에 대한 탐색이 가능하다. 또한 오랜 기간 누적된 관련 행동특성에 대한 다양한 연구결과를 이용할 수 있다. 특히 정상적인 행동 특성과 병리적인 현상을 감별할 수 있다. 심리, 정서적인 측면에서 업무몰입 또는 성과창출에 방해요소가 무엇인지 발견하는데 유용하게 활용될 수 있다. 단지, 저성과의 원인이 개인의 역량수준이나 행동에 기인한 표면적인 문제로만은 해결할 수 없다. 그렇기 때문에 조직이나 선발된 대상자에게 보다 근본적인 개인의 심리적 문제에서 그 원인을 찾아내는데 적합한 도구라고 할 수 있다.

EAPI(Employee Assistance Program Inventory)검사

EAPI(Employee Assistance Program Inventory)는 업무적인 측면이나 혹은 개인적인 측면에서 업무 수행에 영향을 미치는 10개 영역의 다양한 요인 들에 대하여 평가한다. EAPI의 평가결과를 통하여 스스로 업무상 영향을 미치는 업무적 및 개인적인 주요 영역들에 대한 자신의 현 상황을 점검하여 보고하고, 보다 효과적인 자기관리를 함으로써 업무의 효율성과 생산성을 높일 수 있도록 지원하는 도구이다. MMPI보다 짧은 시간 안에 다양한 문제에 대한 탐색이 가능하다는 점과 직장상황에 맞추어진 질문을 통해 직장생활과 관련된 문제를 탐색할 수 있

〈그림 4-12〉 EAPi 검사척도

척도명		척도내용
AN	Anxiety	일반적 정서적, 인지적, 생리학적 증상에 초점을 맞춘 임상적인 불안감 척도
DP	Depression	최근의 자살 사고, 무망감과 포기 등을 포함하는 일반적인 정서적, 인지적, 생리적 증상에 초점을 둔 임상적 우울감에 대한 척도
SE	Self-Esteem Problems	부정적인 자기 평가와 개인적 성취에 대한 불만족감에 대해 묻는 전반적인 자존감 척도
MP	Marital Problems	배우자나 애인과의 관계에서 경험하는 문제의 범위나 정도에 대한 척도
FP	Family Problems	가족 구성원과의 관계에서 경험하는 어려움에 대한 척도
ES	External Stressors	법적, 경제적, 건강관련 스트레스원을 포함해, 직장인이 업무 환경에서 경험하고 지각하는 외적 스트레스 사건에 대한 척도
IC	Interpersonal Conflicts	직장에서 다른 사람들과의 갈등 정도에 대한 척도
WA	Work Adjustment	급여, 승진 기회, 업무 조건, 자신의 직업에 대한 통제감 등을 포함하는 직업의 여러 특성에 대한 만족감 척도
PM	Problem Minimization	내담자가 문제의 심각도에 대해 이해하는 정도나 도움을 거절하고 문제에 대한 책임을 외부로 돌리는 경향성 정도에 대한 척도
SA	Effects of Substance Abuse	약물이나 알코올 사용 및 남용으로 인한 대인관계적, 사회적, 업무 상의 기능이 방해받는 정도에 대한 척도

다는 장점을 가지고 있다. EAPI의 척도 10가지는 위 표와 같다.

CASI(Career Attitudes and Strategies Inventory) 검사

개인의 경력 관리 및 개발과 관련된 주요 요소들을 평가하는 것으로서, 업무를 수행함에 있어 영향을 미치는 공통적인 태도, 감정, 경험, 그리고 장애물 등에 대해 평가할 수 있도록 개발되었다. 이 검사를 통해 개인은 자신의 경력관리 및 개발과 관련된 현 상황을 점검하고 보다 효과적인 경력개발 계획을 수립할 수 있도록 지원하는 도구이다. Career Attitudes and Strategies Inventory (CASI)는 직장인 및 구직자의 경력에 영향을 미치는 일반적인 태도, 감정, 경험, 장애물을 평가하기 위한 도구이며 경력이나 업무 적응의 9가지 측면을 평가한다. 즉, 직무 만족(job satisfaction), 업무 관여(work involvement), 기술 개발(skill development), 주도적 성향(dominant style), 경력 고민(carrier worries), 대인관계상의 부당한 대우(interpersonal abuse), 가족에 대한 책임(family commitment), 위험감수성향(risk-taking style), 지

〈그림 4-13〉 CASI 검사 척도

척도명		척도내용
JS	Job Satisfaction	직무 만족과 안정성 VS 직무나 직업 변화 가능성을 측정
WI	Work Involvement	직업에 헌신하는 정도
SD	Skill Development	스스로 성과를 향상시키고 기술을 갈고 닦기 위해 노력하는 정도
DS	Dominant Style	타인을 설득하거나 영향력을 행사하는 등 지도자의 자질 및 관리 능력과 관련된 평가치
CW	Career Worries	개인의 업무에 대한 불안 수준으로 많은 고민으로 스스로 무력해지는 정도
IA	Interpersonal Abuse	상사에 의한 평가 절하나 시달림 등 참기 어려운 대인관계 부당함의 경험 수준
FC	Family Commitment	가족과 직장에 대한 이중의 역할 책임이나 관련된 갈등 수준
RTS	Risk-Taking Style	경력개발을 위하여 기꺼이 위험을 무릅쓰는 경향
GB	Geographical Barrier	지리적인 제한 정도

역적 제한(geographical barriers)의 척도이다. 수검자의 점수 프로파일을 통해 긍정적, 부정적 측면을 모두 포괄하는 경력적응의 현 상태를 알아보고 점검할 수 있는 장점이 있다. CASI는 직무 안정성이나 변화 경향성을 평가한다. 또한, 긍정적 발전을 향한 잠재력과 그 장애물을 명료화함으로써 개인의 업무 상황이나 경력에 대해 이해할 수 있게 해주기도 한다. 이 검사를 수행함으로 해서 수검자들이 자극 받고 또 변화의 키워드를 이해하게 된다. CASI는 개인의 적성, 흥미, 기타 여러 특성들과 직무와의 적합성에 대한 평가치를 제공하는 것이 아니라, 이를 보조하기 위해서 개발된 것이다. 요약하자면, CASI 척도는 개인의 직업 상태의 중요한 측면들, 즉 경력에 영향을 미치는 요소들을 측정하고, 탐색 해볼만한 가치가 있는 태도, 장애물, 경험, 전략 등에 대해 간략히 조사할 수 있게 해 준다. 〈그림4-13〉

JSS (Job Stress Survey)검사

Job Stress Survey(JSS)는 다양한 범주의 직장 환경에서 직원들이 경험하게 되는 직업 스트레스의 포괄적인 원인들을 평가하고 이전 측정 도구들에서 제기된 몇 가지 문제들을 다루기 위해 개발되었다. 직업 스트레스의 대부분의 측정도구는 직업 관련 스트레스원인을 기술한 예시문에 동의하는 정도를 평가한다. 이와 반대로 JSS는 개별 직장인에 의해 지각된 특정 스트레스 사건의 심각도와 각각의 스트레스원이 지난 6개월간 얼마나 자주 경험되었는지를 질문한다. 각 업무 관련 스트레스원의 빈도와 지각된 심각도를 평가함으로써 정서와 성격을 평가하는 연구에서 중요하다고 입증된 상태, 특성을 직업 스트레스 측정에 적용하게 되었다. JSS는 경영, 산업, 교육 장면에서 직원들이 흔히 경험하는 업무 관련 스트레스의 일반적인 30개 원인의 발생 빈도와 지각된 심각도(강도)를 평가한다. 각각의 직원들에게 부정적인 영향을 미치는 특정 직업 관련 스트레스원인에 대한 정보를 제공하는 것과 더불어, JSS는 조직 내 직업 스트레스의 원인을 확인하고 같은 조직 내 다른

〈그림 4-14〉 JSS

척도명		척도내용
JS-X	Job Stress Index	직장에서 경험하는 직무 스트레스의 전반적인 수준에 대한 평가치
JS-S	Job Stress Severity	30가지 JSS 스트레스와 관련하여 사건의 지각된 심각도에 대한 응답자의 평균점수
JS-F	Job Stress Frequency	지난 6개월 간 30가지 JSS 스트레스와 관련된 사건의 평균 발생 빈도
JP-X	Job Pressure Index	야근, 마감 기한의 도래, 많은 양의 서류 작업 등 응답자가 경험하는 직무 스트레스(심각도와 빈도의 합)을 평가
JP-S	Job Pressure Severity	직업의 압박감과 가장 관련이 큰 10가지 JSS 스트레스 유발 사건의 지각된 심각도에 대한 평균 수준
JP-F	Job Pressure Frequency	직업의 압박감과 가장 관련이 큰 10가지 JSS 스트레스 유발 사건의 평균 발생 빈도
LS-X	Lack of Organizational Supporting Index	상사와의 갈등, 동기가 부족한 동료들, 성공 기회의 부족 등과 같이 조직 내 지지 부족으로 인한 직무 스트레스의 양(심각도와 빈도의 합)을 평가
LS-S	Lack of Organizational Supporting Severity	조직 내 지지의 부족과 가장 직접적으로 관계되는 10가지 JSS 스트레스 유발 사건의 지각된 심각도 수준의 평균을 평가
LS-F	Lack of Organizational Supporting Frequency	조직 내 지지 부족과 가장 직접적으로 관계되는 10가지 JSS 스트레스 유발 사건의 평균 발생 비도를 평가

부서의 직원들이 경험하는 스트레스 수준을 평가하고 비교하는데 이용할 수도 있다. 〈그림4-14〉

피드백 세션 운영

진단 피드백은 생애경력관리 차원에서의 개인의 삶(Personal Life)과 일의 영역(Work Life) 등의 두 가지 차원에서 이루어진다. 실제 피드백 코칭 시에는 프로그램 대상자의 특성상 일반적인 접근보다는 전문가에 의한 접근이 바람직하며, 특히 프로그램에 대해 반감이나 혹은 기본적인 부정적 정서의 가능성이 높으므로 정서적인 영역을 다루는 것이 가능한 전문가 예를 들면 경력개발코치, 임상심리 전문가 등의 인력이 투입되면 더욱 효과적일 수 있다. 〈그림4-15〉

〈그림 4-15〉 역량진단 결과와 교육설계 활용설계

결과보고서 구성

Test Results & Overall Evaluation	· 평가 결과 제시 · 전반적 역량 수준에 대한 보고 · 전반적 강약점 평가
Personal Life Assessment	· Personal Life 차원의 역량 · Self-Management, Interpersonal Relationship, Stress Management 등
Work Life Assessment	· Work Life 차원의 역량 · Job Preference, Environment Preference, Motivational Preference 등
Summary & Recommendation	· 강약점 및 관련된 개발점들에 관하여 기술 · Strength, Potential Weakness, Recommendation 등으로 구성

피드백 세션 구성

Opening	라포 형성 및 피드백에 대한 수용적 태도
Review	역량 평가 결과 논의
Feedback	평가 결과에 대한 세부 피드백
Planning	개발 계획 및 추후 과정 안내
Closing	상호 신뢰를 형성하고 격려

역량진단결과와 교육설계 활용 사례

개인별 특성에 대한 개별적 분석을 기초로 하여 맞춤형 교육과정을 설계하게 되며 육성과제 혹은 기존의 교육시스템 및 내용을 참조하여 최적의 교육 구조 및 대상자 선정과 관련된 정보를 제공하게 된다. 〈그림4-16〉

〈그림 4-16〉 역량진단 결과와 교육 설계 활용 사례

팀 명	성 명	최우선 학습요구 역량	잠재적 학습요구 역량
연구소	OOO	갈등 관리, 다른 사람에게 동기부여	대인관계, 위험분석
영업팀	XXX	경청하기, 조직화 하기	시간관리, 판단력
제조기술	XXX	경청하기, 조직화 하기	전략적인 기획력, 변화 과정
품질보증	OOO	기획하기, 사람들을 관리	갈등관리, 사람들을 평가
연구소	XXX	기획하기, 사람들을 관리	스트레스 관리, 갈등 관리
제조기술	OOO	대인간계 스킬, 효과적인 의사소통	사람들을 통제, 팀 빌딩
관리팀	XXX	대인관계 스킬	변화를 위한 기획력
관리팀	XXX	대인관계 스킬	팀빌딩
자재팀	OOO	대인관계 스킬, 목표 달성	자기주장력, 변화를 위한 기획력
제조기술	OOO	대인관계 스킬, 목표설정	자기주장력, 변화를 위한 기획력
영업팀	OOO	대인관계 스킬, 효과적인 의사소통	사람들을 통제, 팀 빌딩

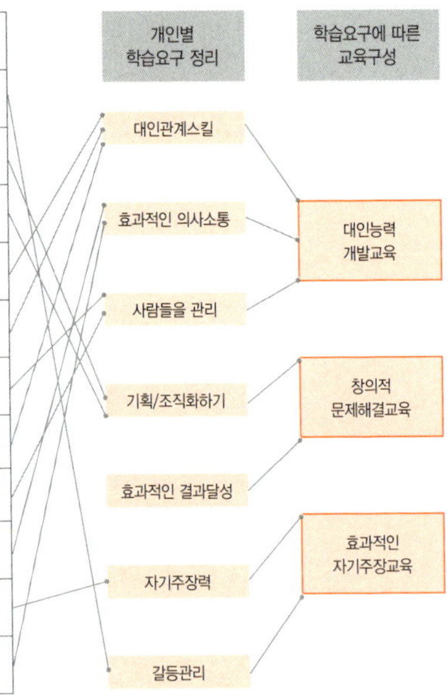

프로그램 운영단계

교육설계 기본 프레임

기업에서 저성과자 관리를 실시하고자 하는 목적, 기대효과가 정리되면 역량진단에 기반한 교육과정이 편성되어야 일관된 사후 개선 정도를 측정할 수 있게 된다. 기본적으로는 공통역량, 기본역량, 직무역량, 개인맞춤형의 4개 Track을 이수하도록 하며 개인 진단결과에 대한 개인 맞춤형 교육과정을 제공함으로써 실질적인 변화 개선을 지원해야 대상자나 운영 주최자인 회사측 양쪽 모두에게 만족스러운 결과 도출이 가능하다.

〈그림 4-17〉 교육 설계의 기본 프레임

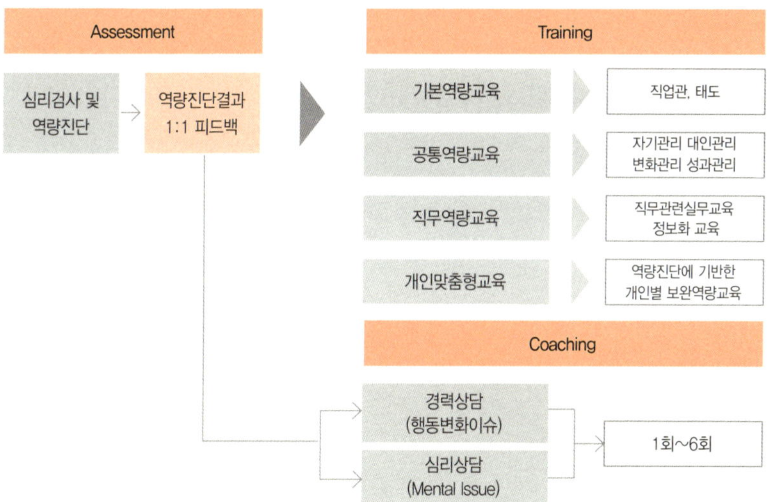

공통역량

회사의 비전이나 핵심가치에 적합한 직업관교육, 조직가치교육, 마인드 변화 교육 등으로 구성되며 조직 구성원으로서 가져야 할 기본적인 태도와 조직의 목표 공유를 주요 내용으로 담고 있다. 정부조직 또는 공공기관 등은 공공가치추구에 대해 중점을 둘 수 있고 일반 회사의 경우 경영이념에 부합되는 가치에 중점을 둔 콘텐츠로 구성된다.

기본역량

역량진단 구조와 행동지표에 근거한 4대 역량 즉, 자기관리, 성과관리, 변화관리, 대인관리의 4대 역량을 중심으로 구성된 교육이라고 할 수 있다. 이러한 역량모형은 조직 내에서 필요로 하는 필수적인 기본역량을 포함하고 있다. 또한 초기 실시된 역량진단 검사(Competency Test)기본 구조인 4대 역량의 동일한 프레임 내에서 4대 기본역량 교육을 실시 함으로써 사후 역량진단 시 역량향상도 평가에 대한 교육 ROI의 타당성를 확보할 수 있는 장점이 있다. 만약 검사도구에서 측정하고자 하는 척도와 동떨어진 프로그램으로 구성 된다면 사후 역량향상도 평가 시 문제가 발생될 수 있다. 그러므로 기본역량과정 구성 시 유의해야 할 사항은 짜깁기식의 구성은 바람직하지 않다는 것이다. 개별 프로그램 콘텐츠가 아무리 우수하다고 하더라도 교육 종료 후 역량향상도 측정의 기준점이 없으므로 ROI측정결과가 무의미 할 수 있기 때문이다.

직무역량

현업에서 수행하고 있는 직무와 관련하여 전문성을 업그레이드 할 수 있도록 구성되어 있다. 환경의 변화와 신기술의 도입으로 기존의 지식과 경험으로는 업무수행이 어렵거나 태도보다는 직무지식 자체에 학습량이 부족한 경우 효과적일 수 있다. 최근 직무역량 교육형태는 오프라인교육보다는 온라인 학습 형태를 선호하는 경향이 뚜렷하다.

개인 맞춤형 교육

역량진단 결과에 따라 개인별로 보안해야 할 영역이 도출된다. 개인별 역량의 수준이나 저성과의 원인이 각각 다르므로 개인별 성과향상에 대한 해결 솔루션이 달라야 한다. 크게 3개의 카테고리 즉 능력개발, 태도개선, 심리상담 등으로 나누어 대상자에게 적합한 프로그램으로 운영하도록 구성하는 것이 바람직하다. 예를 들면 리더십, 대인관계, 커뮤니케이션, 변화관리, 심리적 문제, 알코올 등 개인마다 필요한 보완 역량에 대해 적합한 프로그램이 지원되어야 한다. 외부 공개과정 참여도 또는 이러닝의 방법도 많이 활용되고 있다. 이 단계에서는 1 : 1 코칭이 병행되어야 한다. 개인이 경험하고 있는 마인드의 변화를 관찰하고 지속적인 피드백이 이루어져야 효과적이며, 변화의 시너지를 강력하게 끌어올릴 수 있다. 1 : 1코칭은 대상자의 저성과 원인에 대해 보다 진지하고 심도 있게 접근할 수 있는 강점이 있기 때문이다.

교육과정운영방향

사전역량진단과정

교육 시작과 함께 우선 사전 역량진단과정이 선행 되는 것이 바람직하다. 6개 검사도구를 실시 하며 보통 3~4시간 소요된다. 검사결과 보고서가 완성되면 이에 대한 피드백이 진행되어야 한다. 검사 오리엔테이션 시 대개의 경우 검사 자체에 대해 거부감을 보이기도 하나 결국 교육과정을 이수해야 업무 복귀가 가능하므로 대체적으로 수용하게 된다. 종종 교육초반에는 선발에 대한 공정성에 이의를 강력하게 제기하

〈그림 4-18〉 교육 과정 운영 방향

사전 역량진단 → 공통역량교육/개인맞춤형 교육 · 경력개발상담 (커리어 코칭) → 역량 향상도 진단

공통역량	세 부 내 용
자기관리	· 성공적인 경력개발과 실행전략 · 역량의 이해와 발견 / 생애설계 / 네트워킹
대인관리	· 대인역량강화의 필요성 · 효과적인 커뮤니케이션 스킬 향상
변화관리	· 변화에 대한 이해(변화의 수용, 선택, 실천) · 직업관 및 가치관 진단과 대안모색
성과관리	· 개인의 생산성 분석 및 업무습관 평가 · 생산성 도구 및 기법의 이해, 기법 실습

개인맞춤형	세 부 내 용
능력개발	· 직무 수행 시 경험부족 및 관련분야 지식이 미흡 한 경우 실무역량향상 교육
태도개선	· 조직구성원으로서 갖추어야 할 기본적 태도 · 인성에 대한 가치관교육 및 직업관 교육
심리안정	· 심리, 정서적인 문제로 인해 업무몰입 어려운 경우 주요이슈에 대한 심리상담
기타사항	· EAP차원의 프로그램제공 : 음주 클리닉, 가족문제, 신경심리검사 등

거나, 상사와의 개인적인 인간관계로 인해 피해를 보았다거나, 자신보다도 더 문제가 있는 사람도 있는데 억울하다거나, 직급이 높을수록 정치적인 문제로 불이익을 감수할 수밖에 없다는 등 자신의 문제로부터 출발하기 보다는 외부환경에서 그 원인을 찾고 있다. 저성과의 원인을 스스로 객관화시키지 못하게 되면 교육 몰입 또는 변화 정도는 극히 미미한 수준을 벗어 날 수 없다. 이 과정을 통해 자기계발계획서를 수립하고 작성하게 된다. 개인별 전담코치로부터 일대일 코칭을 통해 변화의 장애가 되는 요소를 발견하고 변화실행에 집중하여 지속적인 역량개발이 가능하도록 해야 한다. 즉, 역량상의 장단점 평가, 역량개발의 목표설정, 저성과 원인파악, 교육 및 코칭의 방향설계라고 할 수 있다.

집합교육

집중적인 역량향상 프로그램의 기본 중심 축은 4대 역량에 기반한 자기관리, 대인관리, 성과관리, 변화관리 등 핵심역량에 대하여 다양한 형식으로 교육과정을 운영하게 된다. 일방적인 강의 전달식보다는 자기주도적인 학습, 액션러닝, 개인연구과제 부여, 도서평가, 일일 과제수행, 외부현장학습, 이러닝 교육, 봉사활동 등 다양한 학습 형태로 이루어 질 수 있다. 각 회사마다 확보한 교육 운영 시간 및 예산에 다르기 때문에 따라 경우에 따라 유연하 게 구성해야 한다. 그러나, 역량구조의 모형이라는 큰 틀 안에서 이루어지기 때문에 큰 무리는 없다고 할 수 있다. 다만, 너무 단기간 내의 교육으로 운영할 경우 심도 있는 변화의 접근이 쉽지 않다. 일반적인 외부 공개과정처럼 2~3일간의 단기 교육과정과는 다르게 최소 1개월 이상의 교육과정으로 운영하는 것이 바람직하다. 특히, 4대 역량교육에 대한 필기테스트가 이루어지며, 담당 강사가 행동관찰 평가서를 작성하게 된다. 또한 일일 과제 수행에 대한 평가, 도서평가 등이 이루어진다.

역량개발 1: 1코칭

1 : 1 경력개발 코칭 프로그램은 진단결과에 대한 피드백 및 보완역량에 대한 실행점검, 목표설정, 실행관리 등을 중점적으로 운영한다.
1:1(10회 세션운영 예시) 〈그림4-19〉
코칭 과정은 초기 스크리닝의 단계를 통해 개인이 변화 발전해야 한 영역에 대한 주제를 명료화하고 역량개발 계획을 수립하도록 한다. 개인 역량진단과 심리검사 결과에 대해 피드백 하는 과정에서 자신의 현 상황에 대해 수용과 변화를 내재화 하도록 하는 것이 중요하다. 보통 6회에서 8회 정도 진행되며 직급, 직무, 코칭 주제에 따라 적합한 코치를 배정하는 것이 효과적이다. 예를 들면 심리적인 문제가 저성과의 주요 원인이 될 경우 심리전문가가 전담코치가 되는 것이 바람직하며, 역량의 문제나 조직의 가치, 태도에서 부적합 모습이 문제가 되는 경우 역량개발코치가 투입되어야 한다. 이러한 선별 과정에서는 기업의 운영자와 전문가가 진단 결과 및 평가 보고서를 토대로 전문가의 견해, 조직의 견해 등 종합적인 평가에 근거한 코치 배정이 이루어져야 한다.

개인 맞춤형 교육과정과 함께 코칭이 동시에 진행 되는 경우 위탁기관의 진행 정도를 파악하고 중간점검과 역량개발 과제를 지속적으로 독려하며 자칫 느슨해지기 쉬운 교육참여에 집중할 수 있도록 지원하는 역할도 해야 한다. 코칭 시 단순히 저성과의 원인에 대한 분석 보다는 개인회복력(개인탄력성)을 위한 자기 효능감 강화와 중장기적인 개인의 경력개발 준비가 같이 이루어진다면 대상자의 변화 수용도가 높아진다. 현 상황을 문제적인 시각으로 바라보기 보다는 긍정성에 초점을

〈그림 4-19〉 1:1 10회 코칭 세션 운영 예시

주요 활동		내용
Pre-Assessment	사전 진단	사전 평가에 의하여 리더십 진단 및 개인별 보고서를 작성함.
1 session	Intake Session	첫 회기로서 코칭 요구 및 필요를 파악하고, 현재 상황을 평가/진단함.
2 session	Leading Self 1	역량진단 결과를 피드백하고 자신의 장단점에 기초하여 목표를 설정함.
3 session	Leading Self 2	자신관리의 다양한 측면들을 검토/평가하고 효과적인 자기관리 방안 학습
4 session	Leading People 1	타인에 대한 전반적인 패턴/다양성을 현재 구성원을 바탕으로 이해함.
5 session	Leading People 2	현재 사례 중심의 대인 분석 및 실질적 영향력 행사 패턴 분석
6 session	Leading Performance 1	성과관리 상 특성과 장단점을 리뷰하고, 성과 향상/저해 요인을 분석함.
7 session	Leading Performance 2	조직원 성과관리 상 성과 향상/저해 요인을 분석하고 해결방안을 적용함.
8 session	Leading Change 1	현 상황에 비춘 변화 요구/필요를 분석하고 변화계획을 수립함.
9 session	Leading Change 2	변화계획에 따른 구체적이고 세부적인 Action-Plan을 수립/적용함.
10 session	Summary	코칭의 전과정을 리뷰하고, 향후 코칭 효과 지속방안을 수립함.
Follow-Up	Follow-Up	필요에 따라 Follow-Up Session을 통해 코칭효과를 모니터링함.

두고 동기부여 될 수 있도록 해야한다. 이러한 접근이 가능하기 위해서는 집합교육과 반드시 1 : 1의 역량개발 코칭이 제공 되어야 한다. 1:1의 코칭 프로그램은 집합교육에 비해 효과성이 높다. 이는 대상자의 관심 이슈에 대해 양방향의 커뮤니케이션이 가능하므로 변화의 내재화에 보다 깊이 접근 할 수 있다는 강점이 있다.

역량향상도 평가 단계

역량향상도 진단

역량향상교육과 경력개발상담이 교육과정에서 이루어지고 마무리 되는 시점에서 사후 역량향상도 진단을 실시된다. 교육 초기 개인의 역량수준과 교육 후의 향상도를 정량적으로 평가할 수 있고 과정 단계별로 실시된 평가 자료도 최종평가에 반영된다. 저성과자 교육의 실시로 인한 조직과 개인에게 어떠한 역량의 개선도가 있었는지 측정할 수 있는 교육성과의 ROI결과라고 할 수 있다. 물론, 개인의 자기 객관화, 변화수용의 정도에 따라 편차가 크다. 다만, 이러한 과정이 개인에게 변화의 몰입과 가속화를 높일 수 있고, 조직입장에서 제도의 운영과 관련된 의미 있는 결과 도출이 가능하다. 변화의 내재화 부분까지 정교하게 측정하기는 쉽지 않지만 외형적으로라도 조직의 적응을 위한 변화의 모습을 보이고자하는 강한 의지를 보이고 있다면 이 또한 상황 수용에 적극적인 태도를 보이고 있다는 동기 형성이 된 것으로 평가 할 수 있다.

역량향상도 평가 예시

역량교육 평가항목

- 교육참여도
- 과제이행도
- 교육이해도
- 교육성실도
- 종합시험성적 (기본역량 / 직무역량 / 개인맞춤형교육)

〈그림 4-20〉 역량향상도 평가 예시

NO	이름	성별/나이	구분	대인관리	성과관리	변화관리	자기관리	총점 (40점 만점)	환산점수 (100점 만점)	역량향상도
1	000	남/55	1차	5	3	5	6	19	47.5	15
			2차	6	7	6	6	25	62.5	
2	000	남/51	1차	4	7	4	8	23	57.5	7.5
			2차	6	7	5	8	26	65	
3	000	남/50	1차	5	6	3	6	20	50	10
			2차	6	7	4	7	24	60	
4	000	남/50	1차	2	5	4	8	19	47.5	7.5
			2차	5	7	3	7	22	55	
5	000	남/39	1차	9	5	3	8	25	62.5	-
			2차	7	8	3	7	25	62.5	
6	000	남/56	1차	7	4	5	6	22	55	2.5
			2차	5	5	5	8	23	57.5	

- 행동관찰 평가
- 역량향상도 평가
- 1:1 코칭 보고서

각 항목에 대한 평가지표가 설정되고 최종 개인 종합보고서가 작성되면 이 자료를 토대로 인사평가위원회에서 심사하게 된다. 회사마다 평가프로세스가 약간 다르게 진행 될 수 있으나, 대개의 경우 면대면 인터뷰 또는 서면상 평가보고서를 통해 최종적인 인사상의 조치가 이루어진다. 업무복귀 가능성이 높은 대상자를 우선 선별하고 변화의 정도가 미미한 대상자는 잔류하여 심화교육에 참여시키는 경우도 발생할 수 있다.

서울시 현장시정지원단 역량향상도 평가 사례

저성과자 관리 프로그램 운영 시 평가 측면에서 가장 세부적인 지표와 구체적인 평가항목을 설정하여 추진한 서울시의 평가 사례는 이미 백서를 통해 공유된 바 있다. 교육평가기준 지표는 기본복무자세(위반시 감점제)와 모든 프로그램 수행실적을 평가하여 주간 및 월 단위 평가점수로 구성하였고, 집합교육주간에도 교육 후 시험을 실시하여 해당시험점수를 주간평가점수로 환산하여 반영하는 등 전 교육과정이 평가 되도록 하였다. 자체 내 평가내용을 보완하기 위한 보조기준으로서 전문기관에 의한 역량평가결과를 변화개선도의 평가 보조자료로 반영하여 평가의 객관성을 확보할 수 있도록 하였다. 이와 함께 교육기간 중 기타 자기계발을 위한 노력도를 측정하는 자격증 취득, 가산점제도 및 제안실적 등을 평가 보조자료로 반영하였다.

평가체계 설계에 있어, 성과평가(①참여자세, ② 적극성 · 성실성, ③과업완수도)적 요소를 주간 및 월간평가로 다수의 비중을 차지하게 하고, 역량평가라는 교육평가 외에 개인의 내부역량 개선도를 전체 성과평가에 반영되도록 하여 평가의 정교성을 보완하였다. 이는 성과 평

<table>
<tr><th colspan="2">구분</th><th>세부항목</th><th>평가내용</th><th>평가자</th></tr>
<tr><td colspan="3">계</td><td></td><td></td></tr>
<tr><td rowspan="5">주
기
준</td><td rowspan="3">내부
평가</td><td>기본복무자세</td><td>· 연가 등 근태 기록유지
· 무단결근, 지참 등은 감점기준 적용</td><td>인력정책과</td></tr>
<tr><td>월간 종합평가</td><td>월 단위 근무실적 및
수행능력 · 태도 종합평가(6회)</td><td>° 반장: 단장
° 팀장: 단 · 반장
° 팀원: 반 · 팀장</td></tr>
<tr><td>주간 활동평가</td><td>주단위 활동별 근무실적 및
수행능력 · 태도 종합평가(24회)
※매 활동별 우수자에 대하여 가점부여</td><td>° 반장: 단장
° 팀장: 단 · 반장
° 팀원: 반 · 팀장</td></tr>
<tr><td rowspan="2">외부
평가</td><td>시설물 점검보고서</td><td>내용충실도, 실효성 등(6회)</td><td>유관부서</td></tr>
<tr><td>발전연구과제 보고서</td><td>시정주요사업관련 연구보고서(1회)</td><td>° 자체심사단
° 유관부서</td></tr>
<tr><td rowspan="5">보
조
기
준</td><td colspan="2">역량평가</td><td>심리 · 적성 · 역량 평가</td><td>외부전문기관</td></tr>
<tr><td rowspan="4">자기
계발
노력도</td><td>자율학습 실적</td><td>자원봉사활동(50시간)/학습조직활동(50시간)</td><td>인력정책과</td></tr>
<tr><td>자격증 취득실적</td><td>직무관련 자격증 취득여부</td><td>인력정책과</td></tr>
<tr><td>상상뱅크제안실적</td><td>제안실적(건수) 및 평가등급</td><td>창의혁신담당관</td></tr>
<tr><td>시민불편살피미 제안실적</td><td>제안실적(건수) 및 평가등급</td><td>조사담당관</td></tr>
</table>

가 외 요소인 역량평가의 요소를 반영함으로써 평가 결과의 신뢰성 확보가 가능하도록 했다. 즉, 평가자가 평가할 수 있는 분야는 과업수행 단계에서 관찰 가능한 성과 및 태도변화 측면이고, 역량평가를 통해서 역량의 향상도라는 심리적, 잠재적 영역의 평가데이터를 얻을 수 있으므로 평가의 객관성을 동시에 얻을 수 있기 때문이다. 이는 저성과의 원인인 성과부진은 성과평가로 측정하고, 능력부족은 역량평가로, 교육기간중의 노력여부는 행동관찰평가를 통해 교육대상자가 개선노력을 하고 있는지를 평가하였다.

인사조치

저성과 교육의 1차적인 목적은 순수하게 역량개발 차원에서 시작되어야 한다. 대상자의 사후 인사상 조치를 뒷받침 하기 위한 형식적인 과정으로 운영되어서는 안 될 것이다. 다만, 대상자가 도저히 개선의 여지가 보이지 않을 경우, 업무 복귀 이외에 기타 인사상의 후속 조치를 위한 근거자료를 빠짐없이 확보해 놓아야 한다. 그러기 위해서는 대상자 통보면담 시 반드시 본 교육과정에 따른 명료화된 평가기준에 대해 충분한 오리엔테이션이 이루어져야 한다. 회사가 제시한 교육평가 결과 기준에 도달하지 못했을 경우 업무 복귀 가능성은 작아지며 직위해제나 해고의 조치가 이루어질 수 있음을 분명하고도 단호하게 전달해야 한다. 이는 대상자의 교육 참여도, 학습 몰입도, 변화 수용도를 높이고 교육 종료 시 까지 적절한 긴장감이 유지 될 수 있도록 한다.

저성과자의 역량개발 교육은 종료 후 평가 결과에 근거하여 인사심의위원회가 개최되는 것이 통상적인 프로세스이다. 인사심의위원회에서는 교육과정 중 평가된 기초 근거자료 및 대상자의 면대면 인터뷰 등을 통해 변화의 수준을 확인하고 최고 의사결정권자와 경영진의 최종 평가에 따라 인사상의 조치가 확정된다. 이 결과에 대해 인사 부서는 혹시라도 사후 소송으로 이어질 경우에 대비해야 하며 법률적인 문제에 관한 합법적인 요건을 구비하고 절차의 공정성을 확보해 놓아야 한다. 그러기 위해서는 교육평가 결과가 인사상의 조치에 미칠 영향에 대해 대상자 선발 시부터 공식적인 채널을 통해 반복적인 메시지를 전달할 필요가 있다. 이 때 주의해야 할 부분은 처음 통보한 운영원칙이 변경되어서는 안 된다는 점이다. 예를 들어 강도 높은 인사 상의 조치 내용이 흐지부지 없어져 버리게 된다면 결국 솜방망이 수준에 불과한 제도라는 인식이 굳어지게 된다.

이후 이러한 제도 운영 시 신뢰성은 '0' 에 가깝기 때문에 선발과정부터 더 큰 난관에 부딪힐 수 밖에 없다. 물론 제도의 보완은 지속적으로 해나가야겠지만 설령 처음 도입 시 다소 강도 높은 원칙이 수립되었더라도 도중에 번복하는 것보다는 일관성을 유지하는 것이 중요하다. 이러한 일관된 원칙이 구성원들에게 예측 가능한 인사정책으로 받아들여지게 되었을 때 제도의 신뢰성이 높아질 수 있다. 저성과자 관리에 대한 사후 인사상의 조치의 몇 가지 사례를 본다면 우선 원직 업무 복귀, 직무 재배치, 삼진아웃제, 직급강등, 권고사직, 단순한 경고성 조치, 퇴직 등이다. 실제 여러 회사의 저성과자교육을 운영해 본 경험에 비추어본다면 사실 원직 업무복귀의 비중이 가장 높은 편이며 공기업의 경우 삼진아웃제도의 활용이 많다. 그러나 점점 강도 높은 인사 후속 치가 이루어지는 사례가 꾸준히 증가하고 있다.

고려사항

대상자의 감정적 CARE

대부분의 기업에서 그 동안 저성과자 관리에 대한 경험이 없기 때문에 선발된 대상자들이 초기에 보이는 반응에 대해 소극적인 개입 수준에 머물고 있다. 우선 선발된 대상자들이 보이는 태도는 선발 사유에 대한 강한 거부와 감정적 대응이 대표적인 반응이다. 인사고과방식이든 드래프트제이든 어떠한 선발 방식이었다고 하더라도 그 과정의 불합리성과 공정성에 대한 이의를 제기하게 된다. 아무리 공정하고 합리적인 성과관리 인사시스템을 통한 저성과자 선발 시스템이 구축되어 있다고 하더라도 그에 대한 이의를 제기하게 되면 운영자 입장에서 설득력 있는 메시지를 전달하기는 쉽지 않다. 저성과자들이 보이는 대게의 반응은 다른 동료들이 갖게 될 부정적 편견, 가족들에게 느끼는 미안함, 스스로에 대한 수치심, 본인을 선발한 상사와 동료에 대한 분노, 낙인효과로 인해 더 이상 조직에서 기회부여는 불가능 할 것이라는 좌절, 자신이 제대로 평가 받지 못하고 있다는 부당함, 열심히 일해온 대가에 대한 배신감, 무기력, 대안 없는 저항, 거부, 슬픔, 냉소, 부정적 감정 부추김 등의 감정적 대응이다. 하지만, 운영 담당자 누구나 대상자와 최초 접점 시 겪어야 할 필수과정이며, 이 장면에서 대상자들의 감정적 반응에 어떻게 대처하느냐에 따라 이후 교육과정의 분위기가 결정되는 만큼 중요한 지점이라고 할 수 있다.

운영실무자의 역할

운영자 입장에서는 저성과자 선발과 교육운영 시 대상자와 마주대하는 것 자체에 부담감을 가지게 되고 소극적인 개입 수준에 머물고 싶어한다. 운영 초기에는 되도록 필요 이상의 개입이나 막연한 격려보다는 중립적인 입장에서 회사의 정책, 명확한 프로세스, 평가기준과 변화 개선 정도에 대한 조치 방안 등에 대해 공식적인 태도를 취하는 것이 바람직하다. 처음에 오히려 대상자들의 입장을 경청하고 옹호하는 태도로 접근하게 되면 회사 정책에 대한 자가 당착의 결과를 초래할 수도 있다. 이것은 선발기준에 대한 정당성을 잃게 되는 것이므로 접점에 있는 운영실무자들은 특히 이 부분에 유의해야 할 것이다. 초기단계를 거쳐 점차 프로그램에 적응 하면서 조직에 생존하고자 하는 의지와 자신에 대한 객관적 평가를 수용하게 되며 상황을 보다 긍정적으로 해석하려는 경향이 뚜렷하게 나타난다. 무엇보다 저성과자 관리를 운영하는 실무자들은 그들에 대해 색안경을 끼고 부정적으로 접근하기보다는 긍정적인 사고와 개인의 잠재 역량에 대한 존중을 통해 새로운 기회부여를 제공한다는 자세를 잃지 말아야 한다.

특히, 저성과자 관리 시 반드시 실현되어야 하는 부분은 선발결과에 대한 자기인식과 변화 수용 피드백을 지속적으로 해야 한다. 또한 명확한 교육평가기준과 엄격한 관리로 교육몰입에 대한 지원을 해야 하며 교육단계별 평가 DB 자료 축적, 행동관찰평가서를 통해 변화의 개선도를 측정해야 한다. 일관된 회사 정책 전달과 일관된 관계로 유지하는 태도 또한 요구된다. 현업에서 운영담당자들이 부딪히는 가장 큰 어려움은 성과부진자에게 교육예산에 많은 비용을 지출할 수 없다는 게 대다수 경영진의 생각이다. 그렇기 때문에 최소한의 예산으로 최대한의 효과를 창출해야 한다는 이중고가 실무운영자들에게 대단히 큰 어려움이다. 저성과자 관리는 대상자들의 변화 자체뿐만 아니라 다른 조직구성원들에게 미칠 수 있는 파급 효과가 더 크다는 것을 간과해서는 안 된다. 저성과자의 업무역량을 개발 시키기 위해 A-Player나 B-Player들보다 C-Player에게 드는 유형, 무형의 비용은 더 소요될 수밖에 없다. 것이다. 저성과자 발생과 향후 대책에 대해 깊이 있는 이해 없이 표면적인 현상을 해소하려 한다면 일시적인 긴장감 조성차원에서 머물게 될 수 밖에 없다.

노무관리의 TIP

저성과자 선발기준의 정당성 판단

근무태도가 나쁘고 근로의 성과가 현저히 낮은 경우에는 '업무성적 부진' 으로 판단하여 해고 등 불이익처분의 대상으로 삼는 것은 가능하나, 그 성과여부를 판단하는 기준이 추상적이고 주관 적인 경우에는 처분의 정당성을 잃을 수 있기 때문에, 가장 중요한 것은 첫 단계인 교육대상자 선발의 제도적 정당성 확보라고 할 수 있을 것이다. 기존 노동법 관련 판례 및 재결례를 근거로 저성과자 선발의 공정성을 판단하는 기준을 제시하면 크게 네 가지로 나누어 볼 수 있다. 첫째, 저성과자라는 점이 객관적으로 인정되어야 하고, 둘째, 그 성과평가의 기준 내지 제도가 공정해야 된다는 것이며, 셋째, 저성과자의 성과향상을 위한 사용자의 노력이 있었는지 여부와 넷째, 기타 정당성을 확보할 수 있는 지표들이 확보되어 있느냐 여부 등에 대하여 부합성 여부를 판단해야 한다.

저성과자 인정기준의 객관성 판단

객관성 판단의 세부지표로는 연속해서 저성과자에 해당되는지 여부, 직급 및 직무중요도, 직무의 난이도 등이 고려되었는지 여부를 살펴보아야 한다.

첫째, 하위성적의 연속성을 고려하고 있는지와 관련해서 각 선발방법을 판단해 보면, 기존 근무성적평정 등을 활용하면서 '연속 3회' 등의 기준을 적용한 서울시의 경우는, 연속성 측면에서는 정당성 확보가 가능한 것으로 나타났다. 하지만, 경남, 농업진흥청 등 별도 평가제도를 활용하는 경우에 있어서는, 저성과자만을 선발하기 위하여 새롭게 신설된 평가시스템으로는 결국 1회성 판단을 강제하게 되어, 연속해서 저성과자에 해당되었는지 여부측면에서는 정당성 확보를 위해 보완이 필요한 것으로 판단된다.

둘째, 직급 및 직무중요도의 난이도를 고려하여 평가를 했는지 여부와 관련해서 정당성을 판단해 보면, 서울시의 경우, 관계법상 4급 이상에 대한 평가제도인 목표관리제도(MBO)를 기반으로 연속 3회 C등급 이하인 자를 선발하고, 5급 이하는 근무성적평정을 바탕으로 선발함으로써 선발기준 적용 시 직급구분을 실시하여 정당성에는 문제가 없다고 판단된다. 아울러 별도 평가제도를 활용하는 경우도 직급 간에 평가지표를 별도로 운영한 기관은 문제가 없으나 이 경우도, 상위직급자의 경우는 개인능력에 대한 평가보다는 부서의 업무성과를 반영한 관리자로서의 평가가 기준이 되도록 기존 목표관리제도를 기반으로 선발하는 것이 정당성 확보에 도움이 될 것으로 판단된다.

성과평가제도 자체의 공정성 판단

성과평가제도 자체의 공정성 판단과 관련하여 그 세부지표를 살펴보면 다음과 같다.

· 면담 등 평가결과의 수용성을 담보할 수 있는 절차를 완비했는지 여부
· 상대평가 및 의무할당식이 아닌 절대평가요소를 기준으로 사용했는지 여부
· 복수평가자 및 위원회 운영 등 공정성 확보제도 완비여부 등이 제시

첫번째로, 평가결과에 대한 소명기회 부여 등 면담절차 등의 운영여부가 피평가자의 수용성을 확보하는 핵심적 요소가 된다. 주목할 사항은 최근 관계법령상 신설된 「성과면담제도」이다. 이는 성과평가 전에 자기실적과 능력에 대한 소명기회로 활용하거나, 교육대상자로 선발될 수 있다는 '사전예고'의 기회로도 활용될 수 있어, 본 제도의 신설로 저성과자 교육훈련제도 도입의 제도적 기반은 이미 갖추어졌다고 할 수 있다. 하지만 성과면담의 세부 운영방법에 대하여는 대부분의 기업이나 정부, 공공기관들이 경험이 축적되어 있지 않은 게 사실이다. 특히, 면담자의 면담진행스킬 및 멘토링스킬 등이 부족한 현실에서 향후 제도정착에 많은 시간이 소요될 것으로 보인다. 그간 기업 내부에서 성과면담의 필요성은 이해하고 있었으나 평가제도 운영상에서는 의사소통 채널이 공식적으로 존재하지 않았기 때문에 이로 인하여 평가자는 피평가자의 문제와 현황을 제대로 인지하지 못하고, 피평가자는 평가자가 자신에 대해 정확한 정보를 갖지 못하고 평가를 하는 것으로 인식

해 불만이 높았던 게 사실이다. 서울시의 경우, 법령개정전인 2007년 7월부터 상시기록평가제도 도입 및 성과면담제를 시행하였고, 제도의 신속한 정착을 위해 시장부터 5급 이상 관리자 전원을 대상으로 면담 스킬 향상을 위한 교육을 실시한 바 있다. 성과주의 인사문화가 정착되기 위해서는 조직문화 변화를 위한 다양한 노력과 준비가 필요하다는 것을 보여주는 좋은 선례가 될 것으로 보인다. 하지만 별도의 평가제도를 신설하여 선발하는 경우 정기적인 평가 제도가 아니기 때문에 실시하기 전 별도의 사전면담을 실시하기 어려워 정당성 확보에 한계가 있게 된다.

두 번째로, 각각의 평가지표에 대해 절대평가방식으로 산출된 최종점수를 순위화할 경우는 문제가 없다고 판단되나, 「평가자체가 상대평가방식으로 이루어 진다면 근무성적 불량이 아니다」라는 관련 판례에 비추어 볼 때 반드시 절대평가방식으로 지표별 평가를 해야 한다. 전체 직원 중 하위 10%를 획일적으로 심사대상자 풀에 포함시키는 것은 정당성 확보에 일정 한계가 있으며, 따라서 이를 절대점수 기준으로 변경하는 것이 바람직할 수 있다. 특히 드래프트 방식 운영에 있어 부서별 선발인원을 할당하는 방식은 이점에 있어 보완이 필요하다고 판단된다. 구성원 대비 특정인원의 부서별 할당은 최종적 선발이 아니라고 할지라도 상대평가의 특성을 가지고 있어 정당성 확보에 어려움이 있으며 아울러 최종 누가 선발될지에 대한 결과를 사전에 전혀 예측할 수 없기 때문에 전체 조직이 동요하게 되는 보다 큰 문제를 야기하게 되므로 도입의 용이성에도 불구하고 지양되어야 할 것으로 판단된다.

세 번째로 평가자의 수에 있어 복수자가 평가에 참여하고, 절차적으로 위원회 등 공정성을 확보할 수 있는 절차설계를 거쳤느냐를 살펴보면, 모든 기관들이 평가에 있어 다수의 평가자가 참여하도록 하여 평가의 객관성을 확보하려는 노력을 해야하며 최종적인 선발은 위원회 조직을 통해 함으로써 공정성 확보에 노력한 점은 인정된다. 다만 위원회 구성에 있어, 내외부위원의 구성비율, 정규 인사위원회를 활용했는지 아니면 특별한 선발위원회를 구성하였는지가 신뢰도에 영향을 미칠 수 있는 요소이므로, 이점은 일부 기관에 있어 개선이 필요한 것으로 파악되었다. 다시 말해 공식적인 인사절차로서 신뢰를 얻기 위해서는 기존 인사위원회를 활용하는 것이 바람직하며, 특별위원회 형식의 심의절차는 절차를 합리화하기위한 자의적인 인적구성이 가능하므로 지양되어야 한다.

성과향상을 위한 사용자의 사전노력 여부 판단

성과부진이라는 문제가 발견되었을 경우, 사전에 사용자가 이 문제를 개선하기 위해서 어떠한 노력을 하였는지 여부 또한 정당성 판단에 영향을 미친다. 우선 ① 교육기회부여 및 성과목표 하향 조정 등의 개선기회를 부여한 적이 있는가와 ② 저성과자에 대한 불이익조치 가능성을 사전에 고지했느냐가 판단지표가 된다. 서울시의 경우 제도적으로는 2007년 4월 지방공무원법시행령 이 개정됨으로 인해, 자기계발

계획수립 및 부서장의 부하육성책임제도가 2008년부터 운영되게 되었으며, 이러한 제도가 실질화되기 위해서는 앞서 언급한 성과평가 하위자에 대한 성과면담을 통해 애로사항을 확인하고 그 중 저성과의 원인이 교육훈련을 통해 보완할 수 있는 경우, 교육기회 및 학습과제 부여를 통해 개선을 위한 노력을 함께 하는 것이 필요하다고 할 수 있다. 하위 평가자에 대한 솔직한 사전경고 메시지가 전달되어야 최종적인 조치에 대한 예측가능성을 확보할 수 있고 이를 개선하기 위한 당사자의 노력이 개시될 수 있다는 점에서 '성과면담' 제도를 활용하여 사전예고 및 개선기회를 제공하는 것이 정당성 확보에 긴요하다.

그러나 아쉽게도 서울시를 비롯하여 저성과자 교육훈련을 운영하고 있는 모든 기관에서 교육대상자로 선발되기 전 면담을 통한 사전예고나 별도의 교육기회를 제공한 사례는 확인되지 않고 있다. 교육대상자들이 선발이 확정되는 순간 공통적으로 보이는 대부분의 반응은 본인의 선발사유가 무엇인지에 대한 의문이 첫 반응이었다. 사전경고나 기회부여가 없었던 상태에서 교육에 참여했던 것이다. 이로 인하여 선발에 대한 수용도가 매우 낮은 상태에서 교육이 시작되는 것이 현실이므로 사전예고 및 공식적 개선기회부여는 예측가능성 부여 측면에서도 최우선으로 개선이 필요하다고 판단된다.

아쉽게도 서울시를 비롯하여 저성과자 교육훈련을 운영하고 있는 모든 기관에서
교육대상자로 선발되기 전 면담을 통한 사전예고나 별도의 교육기회를
제공한 사례는 확인되지 않고 있다.
교육대상자들이 선발이 확정되는 순간 공통적으로 보이는 대부분의 반응은
본인의 선발사유가 무엇인지에 대한 의문이 첫 반응이었다.

저성과자 관리 제도를 긍정적으로 수용하는데 최

CHAPTER 05

C-Player 관리,
이것만은 알아두자

적 시간을 확보해야 한다

05 C-Player 관리, 이것만은 알아두자

> 저성과자를 효과적으로 운영하기 위해서는 관리 원칙을 명확히 수립해야 한다. 역량개발접근 방법을 선택할 것인지, 퇴출접근법을 선택할 것인지에 대한 방향이 결정되어야 한다. 또한 내부 직원들이 저성과자관리 제도를 긍정적으로 수용하는데 필요한 최소한의 물리적 시간을 확보 해야 조직문화에 자연스럽게 정착될 수 있다.

조기경보 시스템, 옐로우 카드의 활용

지금 저성과자 관리제도 도입을 검토 중인 회사들 대부분은 축적된 운영경험이 많지 않을 것이라 예상된다. 선발과정 자체부터가 직원들에게는 그야말로 충격과 공포로 받아들여질 수 있다. 선발 시 인사고과 및 다면평가 결과를 토대로 선발기준을 결정할 수밖에 없지만 직원들이 동의하기는 쉽지 않을 것이다. 아무리 공정한 선발과정을 거쳤다고 하더라도 선발 대상자에 대한 동정 여론이 형성될 수 있는 가능성이 높다. 선발 대상자의 심각한 심리적 충격은 말할 것도 없거니와 그 외의 직원들도 동요하게 된다. 이러한 부작용을 최소화하기 위해서는 위험 신호를 당사자가 미리 사전에 숙지할 수 있도록 조기경보시스템이 가동되어야 한다. 최소한 저성과자 프로그램 운영 2~3년 전부터는 하위 평가자에 대한 피드백 경고장치가 마련될 필요가 있다.

최근들어 회사마다 분기별 또는 반기별 정기적인 성과면담 피드백과정을 제도로 정착시키고자 하고 있다. 이는 구성원들에게 현재 자신이 조직에 기여하고 있는 수준에 대한 객관적인 평가를 공유함으로써 성장의 기회를 제공하기도 하지만 위험 수준에 대한 조기 경보를 전달하는 자리기도 하다. 하지만 관리자들이 성과면담의 장면에서 껄끄러운 내용들을 구체적으로 언급하기 쉽지 않은 것이 사실이다. 그러다 보니 갑작스러운 저성과자 대상자 통보에 반발하게 되는 것은 당연한 일이다. 개인에게 낮은 평가의 원인이 무엇인지, 개선하고 보완해야 할 부분이 무엇이지, 조직이 개인에게 기대하는 역할은 무엇인지 알려주는 단계가 필요하다. 이는 공정한 평가를 위한 과정이기도 하지만, 이러한 과정을 거치지 않고 저성과자로 선발되는 경우 대상자가 그 결과를 수용하지 못할 뿐만 아니라 그럼으로써 교육의 몰입도와 변화 개선도에 대한 성과가 미미할 수밖에 없다. 또한 개인적으로 겪어야 하는 충격의 강도가 매우 높아져 원래의 역량개발 목적보다는 심리적인 충격 완화를 위한 프로그램의 비중을 높이게 됨으로써 본래 취지에 집중하지 못하게 된다. 그러므로 저성과자 풀(Pool)로 들어가기 전 2회 정도(Two Strike)의 사전 경고 단계를 통해 완충지대를 활용해야 하며, 개인에게 사전 경고 장치를 만들어 놓을 필요가 있다.

이벤트성 제도는 절대금지!

저성과자를 효과적으로 관리하기 위해서 첫 번째로 저성과자 관리 원칙을 명확히 수립해야 한다. 이는 우리가 여행을 떠날 때 어디로, 어떠한 목적을 가지고 갈 것인지 결정하는 것과 같다. 각 회사의 조직문화를 기반으로 하여 순수한 역량개발의 목적이 적합할 것인지, 퇴출을 전제로 한 제도가 적합할 것인지 인사정책 방향을 결정해야 한다. 아무리 탄탄하게 교육과정을 설계 하였다고 하더라도 회사마다 유효한 접근 방법은 다르다고 할 수 있다. 새로운 제도를 도입하고 정착하는 과정에 있어서 중요한 요소는 구성원의 정서와 조직문화의 적합성이다. 정부부처, 공공기관, 대기업, 중소기업 등 조직의 형태, 운영의 목적, 결과의 활용 정도에 따라 프로그램 설계의 방향 또한 다르게 구성되어야 한다. 조직문화의 내재 가치에 자연스럽게 녹아들어 가야 성공적인 운영이 가능하다. 이는 비단 저성과자제도 도입에만 국한된 이야기는 아니다. 워낙 트렌드에 민감한 국내 회사들은 새로운 경영기법이 소개될 때마다 앞다투어 도입하지만 결국 근사한 매뉴얼 몇 권으로 마무리

되는 경우가 많다. 좋은 제도와 적합한 제도의 차이를 이해하고 이를 자사에 맞도록 구성해야 한다.

또한 저성과자 관리에 있어서 제도의 성공여부는 지속적인 실행력의 여부에 달려 있다 해도 과언이 아니다. 관리상의 어려움을 극복하지 못하고 단기간에 제도를 변경하거나 없애버린다면 단기제도의 희생양으로만 인식되어, 일관적이지 못한 제도 시행에 불신만 남게 된다. 모든 제도가 그렇겠지만, 특히 C-Player 관리 제도의 성공 여부는 지속적인 실행력 여부에 달려있다. GE가 하위 10% 퇴출 방안을 수립한 지 3년이 되던 해는 이직 예정이었던 구성원 이름부터 심지어는 평가 2주 전에 사망한 사람의 이름까지 하위 10% 명단에 올라왔다고 한다. 그러나 잭웰치는 포기하지 않고 하위 10% 명단을 끊임없이 요구하고 그러한 퇴출 원칙을 엄격하게 유지하였다. 그 결과 10% 퇴출 방안은 현재 GE의 대표적 인사정책으로 자리잡게 되었다. 인적자원이 경쟁력인 시대에서 모든 구성원들이 제 역량을 발휘하는 것은 기업의 성과와 직결된다. 그런데 성과에 대한 관심과는 달리 지금까지 우리 기업은 C-Player들을 그대로 방치하거나 그저 본인의 선택을 기다리는 수동적 태도를 취하지 않았는지 생각해볼 필요가 있다. 이제 기업은 C-Player들에 대한 관심을 가지고 그들이 다시 회복될 수 있도록 적극적 지원을 할 필요가 있다.

지속적으로 우수한 외부인력을 영입하고, 또 한편으로는 역량과 성과가 부족하다고 판단되는 인력 관리 포함한 전방위적인 건강한 프로세스는 효율적인 조직운영을 가능하게 한다. 무엇보다 저성과 관리제도는 단순히 경영성과가 단기적으로 나빠졌다고 실시되는 제도가 되어서는 안 된다. 조직을 건강하게 관리하기 위해서는 A-Player 관리와 B-Player 관리뿐만 아니라 C-Player 관리가 동일한 비중으로 다루어져야 한다. 회사에서 어찌해볼 수 없는 저성과자들을 아무런 대책 없이 지켜만 보는 것은 방치 차원에서 그치는 것이 아니라 개인이 새로운 기회를 찾아갈 수 있는 가능성을 봉쇄해버리는 가혹한 일이기도 하다. 이제 회사는 구성원들의 숨겨진 잠재역량을 지속적으로 성장해가도록 지원하고 그 동안 핵심인재에만 편중되었던 인사제도들이 B-Player, C-Player 들에게도 혜택이 주어지도록 해야 할 것이다.

평가보다 피드백이 중요하다

저성과자 관리의 조직문화가 정착되도록 하기 위해서는 평가작업이 중요하다. 평가가 명확하게 이루어지기 위해서는 크게 두 가지 측면을 고려해야 한다. 첫째는 객관적인 평가제도의 마련이다. 이를 위해서는 성과를 명확하게 측정할 수 있는 KPI를 선정할 수 있도록 노력해야 한다. 둘째는 적절한 운용이다. 특히 평가자가 구성원들에게 중간중간 분명한 피드백을 해주는 것이 중요하다. 평가자는 평가시기에 일방적인 평가등급을 매기는 것이 아니라, 평가기간 내내 부하 직원에게 관심을 가지고 현재 그들의 문제점을 명확하게 지적할 수 있어야 한다. 그럼으로써 구성원들의 부족한 점을 파악하고, 개선 방향을 모색하여 성과를 향상시킬 수 있도록 해야 한다. 또한 평가자의 평가역량 제고를 위한 적절한 교육도 필요하다. 그러나 보다 중요한 것은 평가자와 피평가자와의 신뢰 구축이라고 말할 수 있다. 평가자가 진실로 자기를 위해 객관적으로 평가한다고 구성원들이 생각하면, 평가결과에 대한 반발을 줄일 수 있다.

사람에 대한 평가는 물리적인 측정도구가 존재하지 않기 때문에 평가 권한자가 항목별로 평가하여 점수를 매김으로써 수치로 표출될 뿐이지 어디까지나 평가자의 주관에 따른 판단 결과이기 때문에 문제제기의 가능성은 항상 열려있기 마련이다. 그래서 사람에 대한 평가의 객관성은 다수 평가자의 주관을 모아서 객관화를 가정하는 방법을 사용하는 것이다. 상사에 의한 평가도 평가자와 확인자를 두는 이유가 여기에 있다. 다면평가를 통해 동료나 하급자에게 평가권을 부여해 이를 검증하거나 보완하려는 노력도 결국은 다수가 참여 함으로서 주관을 객관화하려는 시도로서의 의미가 크다고 할 수 있다.

결론적으로 평가에 참여하는 구성원들의 사고와 기준이 달라지지 않고서는 실적과 역량중심의 공정하고 객관적인 평가는 실현되기 어렵다. 공공기관이나 민간기업 모두 성과평가에서의 온정주의, 연공서열주의를 극복하고자 하는 노력으로 평가자 교육 등을 강화하고 있는 것만 보더라도 평가의 객관성 확보는 끝없는 숙제임에는 틀림이 없다.

저성과자 관리 문제는 핵심인재와 비슷하게 담당관리자가 책임져야 한다. 관리자는 담당 부서 에서 누가 저성과자이며 이들을 어떻게 개선시킬 것인가에 대해 고민해야 한다. 인력관리는 조직의 경쟁력뿐만 아니라 개인의 발전을 위한 것이라는 인식을 갖고 구성원 개인에게 맞는 변화와 육성의 노력이 필요하다. 저성과자를 파악하기 위해 조직 책임자는 엄격한 평가기준이 있어야 하며 이에 근거하여 냉정한 판단을 해야 한다. 장기적으로 저성과자 변화계획의 실천여부에 따라 담당 관리자의 조직관리 능력이 평가 받을 수도 있을 것이다. 그러나 이런 이야기에 대부분의 관리자들은 반발한다. “왜 우리가 책임을 져야 하느냐” 또는 “개인이 조직에 적응하지 못하고 성과를 산출하지 못하는 것은 그 사람 개인의 문제인데 그것까지 관리자가 책임지라는 것은 용납할 수 없다”고 말한다. 그러나 관리자는 담당 부서의 일과 성과관리만을 책임 지는 것이 아니라 사람을 키워내고 전체 구성원을 조율하는 조직관리 영역까지도 포함하고 있다.

성과평가의 기본적 절차인 성과면담 단계에서 관리자는 평가점수를 제시하는 것에 그치는 것이 아니고, 각 평가지표 별로 상대적으로 부족한 부분에 대한 지적과 문제해결을 위한 처방을 제시를 하게 된다. 이때 특정 직무지식이나 기술부족이 원인으로 판단될 경우 일반적 직무 교육과정을 추천하여 역량개발을 지도하면 된다. 하지만 기본적인 근무태도 및 핵심역량, 대인관계 및 자기관리의 미숙 등의 종합적인 문제에 대해서는 단순한 교육이나 일반 변화교육을 통해서는 불가능하므로 관리자는 이에 대하여 교육의 필요성을 제기하고 저성과의 경고 시점에 이른 대상자에게 교육입교를 권유하고 설득하는 노력을 해야 한다. 또한 대상자에 대한 조직 내 객관적인 평가에 대한 피드백과정이 이루어져야만 향후 역량 개발과정에 몰입도를 높일 수가 있다. 즉, 대상자와 성과면담을 통해 저성과의 원인이 본인의 능력부족에 있고 능력향상의 기회가 필요하다는데 공감대를 사전에 형성해야 한다. 이는 상사가 부하를 육성하기 위한 기본이기도 하고 꾸준한 성과면담의 기록은 평가의 일관성과 신뢰성을 얻을 수 있는 중요한 도구이기도 하다. 저성과의 원인을 사전에 명확히 파악하여 교육이 필요한지 아니면 다른 처방이 필요한지를 구분하여 조치하는 사전예방적 절차로서의 의미도 가진다.

준비 없는 운영은 오히려 독이 된다

대부분 저성과자제도를 도입하려는 회사에서는 단시간 내에 기획하고 운영하고 성과를 도출하려고 한다. 하지만 아무리 역량개발차원에서의 목적을 가지고 운영한다고 할지라도 내부 직원들이 이러한 제도를 수용하기까지는 상당한 어려움이 뒤따른다. 왜곡된 방향으로 해석하고자 하는 경향이 짙고 필요성에 공감한다 하더라도 충격완화에 필요한 최소한의 시간 확보가 중요하다. 회사 입장에서나 노조입장에서도 저성과자가 관리되어야 한다는 본래의 취지에는 동의하나 빠른 속도로 밀어붙이는 접근 방법에는 부작용이 발생하기 마련이다. 보통 제도시행 발표 직후에는 구성원의 동요로 인하여 전반적인 회사 분위기가 침체되기는 하지만 적정시간이 지나게 되면 대체적으로 수용하고자 하는 분위기가 자연스럽게 형성된다. 다만, 이러한 제도가 긴장감 조성이라거나 충격요법의 일시적인 효과를 위해 사용되면 향후 제도도입을 다시 시도할 경우 불신감이 팽배돼 있어 오히려 역작용이 우려된다. 그러므로 구성원들이 심리적으로 수용 가능한 시간확보를 통해 제도가 자연스럽게 정착될 수 있도록 운영의 묘를 잘 활용해야 한다.

앞서 언급했던 조직문화 측면에서 저성과자 관리 제도가 안정적으로 정착되도록 하기 위해서는 불안감을 조성하는 커뮤니케이션은 지향해야 한다. 특히 비공식적인 의사소통 채널은 공정한 평가기준이 마련되었다고 하더라도 지속적인 실행과 타당한 결과가 보여지지 않을 때 HR 정책에 대해 불신하게 된다. 민감한 이슈 발생이 일회성으로 그치게 되는 경우 HR의 한 분야로 저성과자 관리가 정착되기는 어렵다. 선발시기는 정례화시키는 것이 바람직하며 그 관리여부나 시기에 대해 사전 홍보전략이 중요하다. 어느 날 갑작스럽게 저성과자 선발하여 역량개발의 기회를 주겠다고 한다면 구성원의 대부분은 색안경을 끼고 보게 되는 것은 지극히 당연한 일이다. 미리 예측하고 상황을 수용하도록 하는 것과 준비 없이 받아들이는 것에는 심리적인 저항의 강도에 큰 차이가 있다. 아무리 선의를 가지고 시행하는 제도라 하더라도 사전 충격에 대비한 충분한 워밍업작업이 필요하다.

역량개발의 기회 제공이 먼저

역량개발 접근법은 객관적인 평가기준에 의해 성과가 기대수준 이하로 낮은 인력에 대하여 그들의 잠재능력을 개발하기 위한 활동에 초점을 둔 방법을 의미한다. 이는 가능한 한 구성원들에게 자신의 잠재능력을 개발할 수 있는 많은 기회를 제공함으로써 환경의 영향에 의해 발생하거나 성과부진사유가 발생 직무에 대한 적합도(Job Fitness)가 맞지 않는 곳에 근무함으로 인해 발생될 수 있는 성과부진을 극복할 수 있는 충분한 기회를 제공하여 구성원들의 성과를 개선시키는 데 주력하는 접근법이다. 우리의 현실을 비추어 볼 때 퇴출접근법보다는 보다 활용가능한 저성과자 관리 방안이라고 할 수 있다. 저성과자 관리의 핵심목적이 단순히 성과가 낮은 사람을 찾아내어 그들을 퇴출시키는 것이 주된 목적이라기 보다는 모든 조직구성원들을 조직이 추구하는 한 방향의 전략적 목표로 움직이도록 하는데 그 목적이 있기 때문에, 저성과자 관리방안의 기본 방향은 역량개발에서 시작되어야 한다.

역량개발에 중점을 두고 교육과정이 설계되기 위해서는 '경력정체의 원인과 관리기법' Feldman & Weitz에서 설명하고 있는 개인 성장

〈표 1〉 경력정체의 원인과 관리기법(Feldman과 Weitz)

경력정체의 원인	성과/태도에 미치는 영향	개선방안
1. 개인의 기술 및 능력 · 선발시스템의 결함/ · 훈련부족 · 피드백에 대한 부정확한 지각	· 성 과 : 저조한 성과 · 직무태도 : 수준 낮은 직무태도	· 선발시스템의 재설계 · 훈련개선 · 성과평가 및 피드백시스템의 개선
2.개인적인 니즈와 가치 · 낮은 성장욕구 / 안전과 자율성을 지향 / · 자기제약	· 성 과 : 양호한 성과 · 직무태도 : 양호한 직무태도	· 지속적인 보상 · 경력정보시스템 개선
3. 내재적 모티베이션의 결여 · 스킬의 다양성 결여 · 낮은 과업정체성/ 낮은 과업중요성	· 성 과 : 최저수준의 성과 · 직무태도 : 저하되는 직무태도	· 과업의 통합 · 작업단위를 새롭게 설계 · 고객관계의 구축/ 수직적인 업무부과 · 피드백 채널의 개방
4. 외재적 보상의 결여 · 소수의 승급, 승진 · 보상체계의 불공정성/ 원칙없는 보상	· 성 과 : 저조한 성과 · 직무태도 : 수준낮은 직무태도	· 보상시스템의 재설계
5. 스트레스와 소진 · 직무상 대인관계 · 조직분위기/ · 역할갈등	· 성 과 : 저조한 성과 · 직무태도 : 수준낮은 직무태도	· 직무순환 · 스트레스 예방관리
6. 조직성장의 정체 · 외부경영환경 · 방어적 기업전략 · 부정확한 인력예측	· 성 과 : 단기간 지속되는 좋은 성과 · 직무태도 : 저하되는 직무태도	· 안식년제, 직장외훈련 · 스타급인재에 대한 보상강화 · 낮은 성과자에게 이직 및 은퇴의 인센티브 제공

의 장애요인이 되고 있는 부분을 참고하면 개선방안 도출에 도움이 된다. 〈표1〉은 경력정체의 유형별 해결방안을 차별화하여 제공하는 것이 효과적이라고 설명하고 있다. 특히 저성과자의 경우 성과 저해요소를 발견하기 위해서는 '현 직무의 수행역량이 부족하기 때문 인가?' '개인의 심리적인 문제와 관련이 있는가?' '조직의 가치와 개인의 가치가 공유되지 못하고 있기 때문인가?' 등의 여러 발생 가능한 원인을 명확하게 판단하여 저성과자에게 적합한 역량개발프로그램을 제공하는 것이 효과적이다.

최고 의사결정권자 의지가 성공의 관건

기업의 전략, 재무, 마케팅, 구매, 연구개발 등 각 부문 혹은 각 사안마다 최고 의사결정권자의 의지가 가장 큰 영향력을 미친다고 할 수 있다. 특히나 저성과자 관리와 같이 민감하고 신중하게 접근해야 하는 사안에는 초기 시행착오에 대한 리스크로 인해 최고 의사결정권자들의 의사결정이 상당기간 지연되거나 많은 부분 초기 설계와는 다른 방향으로 운영된다거나, 기획단계에서 머물러 있는 경우들이 많다. 이러한 제도의 운영 시 염두에 두어야 할 부분의 첫 번째는 초기 운영상의 시행착오는 어느 정도 감수해야 한다는 점이다. 아무리 오랫동안 사례를 수집하고 치밀한 사전준비가 되어 있었다고 할지라도 막상 프로그램을 운영하게 되면 예상치 못한 문제들이 발생하게 되고 새로운 대안들이 마련된다. 하지만 기획단계에서 예상되는 여러 위험 요소들에 대한 검토 작업만 이루어지고 이것이 실행에 옮겨지지 못하게 된다면 탁상행론에 불과한 결과물만 나오게 된다. 저성과자 관리는 운영 상의 질적인 부분의 효과성 측정 외에 시행 그 자체만으로도 조직 구성원에게 미치는 파급효과는 크다. 저성과자 대상자의 역량개발의 1차적인 목적 외에 전체 성과에 미치는 메타 성과의 측면도 간과해서는 안 된다.

저성과자 관리 제도를 처음 도입하고자 하는 기업에서 첫 번째로 부딪치는 난관은 바로 경영진의 설득과정이다. 초기 운영하면서 발생되는 부작용과 리스크에 대해 우려되는 부분이 크기 때문이다. 여러 대안들을 검토하고 토론을 거치면서도 선뜻 제도를 시행하는 것이 쉽지 않다. 어떤 경우 기획 단계에서만 1~2년을 보내는 경우도 있다. 여러 변수와 위험부담에 대해 고려하느라 최고 의사결정권자와 임원진이 최종 의사결정 시기를 미루게 되면 운영 실무자들 또한 관련 업무를 담당하는 것에 대해 큰 부담을 느끼게 되고 업무에 적극적인 개입이 어렵게 된다. 특히 저성과자 관리는 실행력이 성공의 관건이다. 경영진이 움직여야 실무진이 움직이고 대상자들 및 그 외 조직 구성원들도 신뢰를 가지고 제도를 수용할 수 있게 된다.

저성과자 관리와 같이 민감하고 신중하게 접근해야 하는 사안에는 초기 시행착오에 대한 리스크로 인해 최고 의사결정권자들의 의사결정이 상당기간 지연되거나 많은 부분 초기 설계와는 다른 방향으로 운영된다거나, 기획단계에서 머물러 있는 경우들이 많다.

CHAPTER **06**

C-Player 관리 운영사례

가능한 한 저성과자들에게 많은 기회를 제공하여 긍정적 해결방안을 마련하는게 좋다

06 C-Player 관리 운영사례

> 가능한 한 저성과자들에게 많은 기회를 제공함으로써 그들이 개선되고 성장할 수 있도록 긍정적 해결방안이 제시되어야 한다. C · Player 를 단지 퇴출 대상자로 볼 것이 아니라 역량개발에 중점을 두고 구성원들의 성과를 개선시키는 데 주력하는 것이 바람직하다. 또한 많은 기업에서 실시하고 있는 다양한 교육프로그램, 멘토링, 코칭제도 등도 이런 관점에서 이해할 수 있는 관리 방안이다.

국내 기업 운영 사례

국내 기업은 사실상 저성과자에 대한 선발기준, 관리방안, 인사상의 조치 등에 대해 명문화 되어 있지 않고 정례적, 공개적으로 운영하기 보다는 사안 발생 시 비공개로 운영하는 경우가 대부분 이다.

〈그림 6-1〉 국내 기업의 저성과자 관리 운영 형태

전략적 목표	역량개발 기회 부여,퇴직유도
선정기준	일정비율 선발 지침
평가제도	인사고과, 다면평가
교육운영	자기개발,역량개발교육 등
기대효과	조직 내 긴장감, 퇴직관리
장애요소	법률적 리스크 부담
보완사항	선발기준의 공정성 확보

국내기업사례	
A사	경력개발센터운영, 전직서비스 지원
B사	평가등급 하위 5% 저 성과자 선정 매년 초 평가결과 개인별 통보 평가결과에 대한 피드백 면담, 퇴직 유도 자발적 퇴직 시 명예 퇴직금 지원(6개월)
C사	2회 연속 또는 직급 내 3회 1% 하위자 역량강화프로그램 후 평가심의위원회 퇴출의결

역량개발방식

성과부진에 대한 원인을 파악하고 이에 맞는 개선프로그램을 적용, 실행하여 새로운 직무수행 능력을 육성시키는 제도이다. 즉, 성과가 부진한 인력들에 대해서 회사에서 적극적으로 개선의 기회를 부여하고 저성과자를 단순히 퇴출시키겠다는 것이 아닌 그들의 역량과 성과를 개선하여 회사에 기여할 수 있는 인재로 전환시킬 목적인 것이다. 운영방법은 상사(평가자)와 대상자간 개선계획 수립 및 정기적인 개선 정도를 확인함 1~2회차 정도 기회를 부여한다. 2회차 이상 개선의 여지가 보이지 않을 경우 불이익이 발생(복리후생, 임금동결, 승진제한 등)되고 징계위원회에 회부하거나 사직을 권고하기도 한다. 구체적인 개선프로그램은 원인에 따라서 상이한 프로그램을 적용한다. 환경적인 요인에 따라서 직무재배치, 전보, 희망퇴직을 유도하고, 개인적인 요인에 따라서 교육훈련, 멘토링, OJT 등의 프로그램을 적용한다. 장점으로는 회사에서 적극적인 육성을 통한 기회부여를 제공함으로써 대상자관리에 대한 부작용을 최소화할 수 있다는 것이다. 또한 대상자 및 다른 구성원들에게 동기유발 및 자극을 줄 수 있다는 점이다. 단점은 장기적인 관점에서 접근해야 하는 측면에서 시급성이 필요한 기업에는 적합하지 않을 수 있고 역량개발을 위한 다양한 프로그램을 진행하게 됨에 따라서 비용부담이 클 수 있다.

고용조건변경방식

또 다른 역량개발접근법은 고용조건 변화를 통해 해당 저성과자에게 자기 스스로 역량을 개발할 수 있는 시간을 제공하고 동시에 자신의 역량에 맞는 활동을 일정기간 수행할 수 있는 기회를 제공하는 방식이다. IMF 외환위기 이후 금융권을 중심으로 접근하기 시작한 고용조건의 변화 방식이란 임금피크제 대상자 혹은 상당기간 승진누락으로 인해 적합한 보직이 없는 경우 계약직 신분전환 또는 TF 팀에 소속되어 새로운 패자 부활전의 기회를 부여하기도 한다. 저성과자를 대상으로 한 직급 및 보상체계를 별도로 구성하여 관리함과 동시에, 자신의 역량개발을 통해 높은 성과를 달성했을 때 다시 고용조건을 재조정해 주는 방식이다.

고용조건 변경 사례는 퇴출접근과 역량개발접근을 혼합한 형태이나 사실 퇴출에 조금 더 비중이 있는 제도이다. 저성과자 스스로 부활할 수 있는 기회를 제공하되 좀더 강도가 높은 방법을 사용하고자 하는 것이다. 비효율성을 비교적 단기간에 제거하고, 대상자의 자발적인 퇴직 유도가 가능한 측면이 있다. 방식은 새로운 신분을 부여하고 예를 들면, 정규직에서 계약직 신분으로 전환 후 기대목표 이상의 성과도달시 다시 정규직으로 전환이 된다. B회사의 경우 연 1회 일정심사를 거쳐 하위 10%내의 인원을 선정하는데 우선 고려대상자는 성과부진자, 장기승진 누 락자 등이다. 불합리한 조건으로의 변경이므로 법적 문제가 검토되어야 한다.

직무전환변경방식

조직이 요구하는 능력이나 기술을 훈련, 학습하고 새로운 조직이나 직무로의 전환, 프로젝트성의 TF 과업의 수행 등 직무전환접근 방법이 시도되고 있다. 과거에는 상당기간 승진에서 누락되거나 자신보다 경력과 연령이 낮은 상사가 부임하게 되면 자연스럽게 퇴직을 선택하였다. 그러나 고용시장의 불안으로 전직이나 이직의 성공률이 낮아지면서 외부환경의 리스크를 회피하려는 경향이 두드러지게 나타나고 있으며 명예, 자존심을 버리더라도 현직에 잔류하고자 한다. 심지어 직급강등, 급여대폭삭감, 오지 발령 등의 극단적인 인사상의 불이익도 감수하며 계속 근무를 희망하고 있다. 조직도 개인에게 특별한 귀책사유가 없는 한 해고 조치가 어렵다. 이러한 상황이 현재 인력운영부서의 가장 큰 딜레마이기도 하다. 대상자의 긍정적인 교육평가결과에도 불구하고 합병, 아웃소싱, 분사 등 조직의 사업재편으로 기존 부서로 복귀가 어려운 경우가 있다. 이러한 경우 조직은 이들에게 새로운 직무 적응을 위한 교육 프로그램을 제공해야 한다. 직무전환접근은 장기간의 교육훈련 시간, 많은 예산을 필요로 한다. 대상자에게 지속적인 성장의 기회를 제공한다는 것은 바람직한 측면이나 짜임새 있는 프로세스의 운영과 매너리즘에 빠지지 않도록 적당한 긴장감을 조성하는 것이 중요하다.

운영예시

· A사

이직률을 고려하여 3%의 저성과자를 선정하고, '즉시퇴출' '교육 후 퇴출' '직무(대인 관계)부적응' 의 3개 유형으로 나누어 관리한다. 기존 직책을 유지하며 새로운 직무를 부여하고 승진3년 연속누락자 및 다면평가 전 항목 평균 이하 대상자로 선출하며 퇴출까지의 총 계획 시간은 6개월이나 대부분이 3월내로 운영된다.

· B사

유휴인력 활용지침 매뉴얼을 통해

1단계 : 업무추진역 발령, 동의서 징구

2단계 : MBO실시(연목표, 분기 평가)

3단계 : 성과부진자 격려, 주의, 경고, 경고 통산 3회 또는 연속2회 대기발령 (기본급 50% 삭감 1년 후 면직) 희망퇴직으로 유도한다.

· C사

1년 내 업무부적격전출, 인사고과 하위 20% 이내를 선발하고

1단계 : 인사위원회 섭외전문역 전보 의결

2단계 : 전보 섭외전문역(3월), 지정연구원(3월), 특별연구원

3단계: 연구원 임용1년 내 실적 부진 직권 면직 분기별 실적 평가 실적 우수 보직 부여한다. 새로 부여된 직무 교육 2회 (총5주)실시한다.

· D사

4단계 A,B,C,D(20%할당) 저성과자 군을 선정하고 1차 상사, 2차 팀장이 MBO 평가를 실시한다. 사원 1회 / 6월, 간부 1회/1년, 저성과자군 1회/3월 고과를 통해 저성과자를 선발하고 지속적 경고, 승진 누락, 성과금 50%, 임금 인상 미비, 퇴출은 극히 소수로 하고, 퇴직위로금 1년치 연봉 지급하도록 한다.

· E사

반기별 평가(5등급), 4.5등급 저성과자 선발, 매월 성과 점검 후 6개월 마다 단계 진행

1단계 : 4.5 등급 비공식 서면 경고

2단계 : 1차 개선권고(개선권고, 주의촉진 준칙)

3단계 : 2차 개선권고

4단계 : 지속적 저성과자 징계위원회 통한 해고

· H사

H사의 경우 계열사 분리 시 소속 사업부 변경에 대한 거부자 및 현업 직무 부적응자를 포함 하여 상당기간 인사고과 최하위를 받은자 등을 대상으로 경력전환교육을 11개월간 운영하고 있다. 이 과정을 통해 본래 원직 복귀하는 것이 아니라 조직의 필요에 따라 요구되는 직무교육을 제공받고 경력전환을 위한 준비과정으로 활용하게 된다.

정부, 공기업 운영사례

서울시 사례

초기 '07년도부터 제도 시행 시 드래프트 선발 방식을 시작으로 2011년까지 체계적이고 합리적인 선발 프로세스 방식으로 보완작업을 꾸준하게 실행했다. 이는 조직 내 성과관리 시스템의 강화와 구성원 인식전환의 계기가 되었다. 2008년도 서울시 현장시정지원단의 선발 방식은 첫번째로 기존 성과평가 자료를 기초로 객관적 기준에 의한 선발하는 방식은 상시기록평가, 하위10%, 최근 3년간 연속 3회 이상, 총 4

[서울시 저성과자 선발 및 운영 과정]

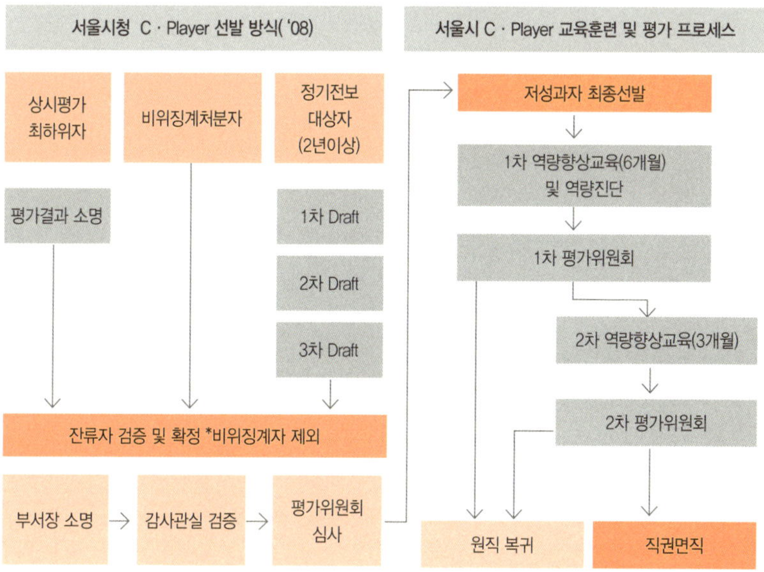

회 이상 근무성적 '양' 평정을 받은 공무원 등을 검증 후 대상자를 선발하였다. 두 번째로 징계기록상 비위연루 등 공무원으로서 품위손상 직원을 선정하는 방식은 평상시 감사부서를 통해 적발된 각종 금품수수, 직무태만, 상습적인 공무원 품위 손상자에 대하여 검증 후 대상자를 선발하였다. 세 번째로 전보절차(Draft제도)를 활용한 방식은 정기 인사시기에 각 실, 국의 전출희망자 등에 대하여 드래프트(3차) 실시 후 최종 잔류자에 대한 소명 및 검증을 통하여 선발하였다. 이상의 세

가지 방법을 통해 대상자 풀(pool)을 구성하고, 이들에 대해 개인소명, 감사관 검증, 내외부 위원으로 구성된 '평가위원회' 의 심의를 거쳐 교육대상자를 최종적으로 선발하였다.

공기업 사례

최근 공기업의 강도 높은 생산성 향상이 핵심 이슈로 떠오르면서 비효율적인 인적자원에 대한 관리 방법의 하나로 성과 부진자 관리 프로그램 도입 운영 사례가 증가하고 있다.

실질적인 인사상의 조치와 연계된 성과부진자 관리 프로그램이 이외에 성과에 집중하기 위한 조직의 긴장도 형성 차원에서 경고성 성과부진자 교육이 진행 되기도 함

외국정부 사례

외국정부들의 저성과자 관리의 특징을 살펴보면 첫째, 「사전경고장치」가 가동되고 있다는 것이다. 비공식적이든 공식적이든 사전예고제를 통해 본인이 어떠한 원인을 바탕으로 대상자가 되었다는 것을 고지받음으로써 조직이 솔직한 의견을 밝힌다는 것이다. 이 절차에서 사전에 해명하거나 상호 이해가 필요한 정보를 나누게 되므로 사후 법적 쟁송에서 다툼의 소지가 감소하는 효과를 발휘한다. 이때 성과면담 또는 경력상담과정을 통해 이러한 통보가 이루어 진다. 둘째, 「유예기간」이 주어진다는 것이다. 이 기간 동안 평가와 피드백이 진행되면서 명

[T공사]

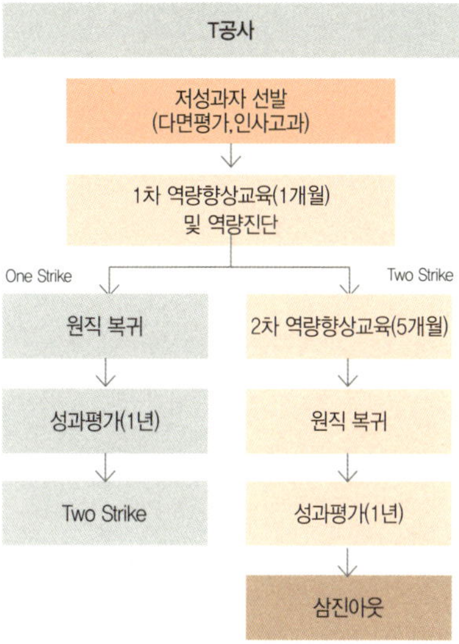

〈운영개요와 현황〉

도입시기 '07년부터 매년1회 실시
선발방식 다면평가 , 인사고과
대상인원
· 직급별 하위 3%
· 과장~단장, 본부장 각 직급 1~2명
· 총 10명 이내 입소
교육기간 1개월 합숙교육(자체연수원)
5개월 개인 맞춤형 교육
참고사항
· '09년 합병 시 미보직자 교육전환

[H공사]

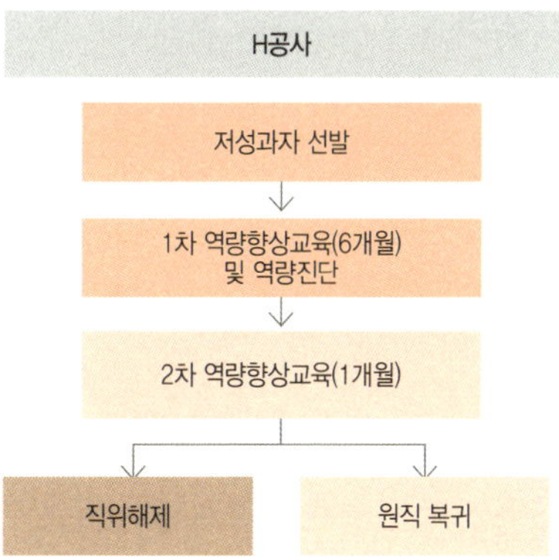

〈운영개요와 현황〉

도입시기 '09년도 2월 실시,12월 실시
선발방식 드래프트제
대상인원
· 선발 % 없음
· 과장~처장
· '09년도 2월 약30명 / 12월 약 60명
교육기간
· 6개월 합숙교육(자체연수원)
· 미 통과자 2단계 교육 1개월

[Y공사]

Y공사

저성과자 선발
(근무성적, 다면평가)

↓

1주 교육 및 역량진단

↓

6개월 교육(근무병행)

↓

소속부서 업무지속

〈운영개요와 현황〉

도입시기 '10년도 3월 실시
선발방식 다면평가, 인사고과
대상인원
· 선발 % 없음
· 팀원 약 10명
교육기간 1주 /6개월 근무병행
참고사항
· 인사상의 조치와 무관
· 조직 내 긴장감 조성 및 경고성 차원

[외국정부 사례]

구분	대상	운영 내용 및 절차
영국	성과 미흡자	비공식경고, 의사확인, 공식적 조치(공식경고자 발부, 노조 도움 관련 통보), 면직결정, 이의신청
일본	공직 부적격자	근무성적평정결과로 대상자 결정, 인사부서 면담, 개인연수, OJT, 집합 연수, 적격성 판단
호주	성과 부진자	성과 최종평가 후 상담, 해명기회 부여, 공식경고장발부, 일정 기간 평가, 최종평가, 이의신청

확히 관찰 대상이란 것을 당사자가 인지한 상태에서 역량회복 및 성과 향상을 입증할 기회가 부여되는 것이다. 하지만 이 기간 동안 모든 경우에 있어 교육훈련을 통해 역량회복을 조직차원에서 지원하는 절차를

가지고 있지는 않다. 대상자별 원인에 따라 교육 이외의 지원방식도 동원될 수 있기 때문이다. 대안의 가능성은 넓게 열어놓고 있다. 마지막으로 사전적 경고 및 회복의 기회부여를 통해 모두가 최종 면직의 조치를 받는 것은 아니므로, 조직이 해고를 회피하기 위한 노력을 사전통보 및 예고, 유예기간 부여를 통해 최소한의 조직의 책임을 다하고 있음을 알 수 있다. 즉, 퇴출접근법 보다는 역량개발접근법을 취하고 있다. 이상의 외국 정부사례에서 얻을 수 있는 핵심적 시사점은 '사전예고를 통한 예측가능성의 부여' 이다. 이러한 예고절차를 통해 이후에 있을 공직배제의 제재적 조치를 예방하는 효과도 거둘 수 있다.

외국계 기업 운영 사례

외국계 기업들은 국경을 초월한 'Global one company' 정책 및 프로그램을 유지하기를 원한다. 특히, 핵심조직 외의 과감한 아웃소싱과 우수인재 확보 및 유지에 투자, 고객 및 주주에 대한 중시, 비즈니스 우선, 철저한 비용 통제, 철저한 업적 평가 및 보상, 저성과자에 대한 효율적 운영관리 등을 지향하고 있다.

외국계 기업들은 성과 및 업적에 대한 기본적인 철학과 가정은 다음과 같이 요약할 수 있다. 첫째, 조직 구성원의 성과 업적 능력의 차이는 있기 마련이며 차이에 대해서는 상호 인정하고 평가되어야 한다는

전략적 목표	상시 퇴출과 구조조정
선정기준	평가등급 하위3%~10%
평가제도	상대평가, 성과면담
교육운영	교육보다 규정 절차
기대효과	성과관리 기업문화 정착
장애요소	조기경보시스템
보완사항	높은 이직률로 Loyalty 약함

외국계 기업 사례	
H사	하위3%, 전환 배치 후 퇴출 여부 결정
Q사	하위5%, 상시 퇴출 시스템
R사	입사 시 하위 10%선발 공지, 상시 퇴출
S사	하위10%, 전환배치 후 퇴출여부 결정
V사	다운사이징 원칙 (세후수익률8%이하)

것이다. 둘째, 직무성과 및 업적향상은 본인 마음 자세에 의한 자율적 결정 사항이며 반드시 성과의 차이는 보상 승진 교육 등에 있어서 차등적으로 반영되어야 한다는 것이다. 셋째, 직무가 왜 필요한지, 책임과 의무사항이 무엇인지, 무엇을 어떻게 평가하고 측정 기준 및 방법이 무엇인지, 객관적으로 공정하게 투명하게 커뮤니케이션을 하는 것이다.

이는 매년 초에 경영계획 목표를 수립 시에 SMART(Specific, Measurable, Achievable, Relevant, Timeline)에 의해 목표, 구체적인 실행계획, 어떻게 달성할 것인지, 어떻게 평가받을 것인지의 측정 기준 및 방법, 언제까지 달성할 것인지, 언제 검토할 것인지, 경력개발 계획, 교육, 직무 전환 등에 대해 직속상사와 커뮤니케이션을 갖고 약속을 하는 것이다. 저성과자에 대한 효율적 운영은 다음과 같이 3가지로 요약할 수 있다.

첫째, 철저하게 Line manager(현업 직속 상사)가 저성과 직원에 대해 3~6개월 정도 기간에 개선할 목표를 상호협의 및 합의해 정하고 정기적, 비정기적으로 평가하고 피드백을 갖는 것이다. Line Manager는 저성과자에 대해 실행할 목표, 기대치 및 책임과 역할을 분명하게 해줘야 하며 항상 일관성을 유지하며 필요 시에 융통성을 갖는 것이다.

둘째, Line manager는 HR 담당자와 함께 자주 커뮤니케이션을 갖고 진행 및 결과들에 대해 서면으로 남겨야 한다. 책임성이 있게 수행하기 위해서는 관련 자료 및 데이터들은 사실에 기초하며 차별성을 갖고 평가 및 피드백은 냉정하게 해야 한다. HR 담당자는 매년 Line manager를 교육하는데 있어서 저성과자의 관리 계획, 시간, 문서화, HR과 공유할 사항, 코칭, 회사 차원에서 다른 부서와 협조 및 조치사항 등등을 검토해야 한다.

셋째, 2년 연속 저성과를 갖는 직원에 대해서는 자발적 및 비자발적 퇴직을 원칙으로 하는 것이다.

넷째, 평가결과에 대해 부하직원과 커뮤니케이션을 잘 해야 한다. 해야 할 사항으로는 충분하게 설명할 준비, 해당 직원에게 제공한 메시지들에 대해 일관성, 해당 직원의 의견을 끝까지 경청하고 확인, 해당 직원의 질문에 간단하고 분명하게 대답, 확고하고 공정함을 표현, 항상 정직하고 성실함을 보이며 실제 사례를 언급하며 개선이 요구되는 경우에는 정직하게 피드백을 하는 것이다. 그러나 반드시 하지 말아야 할 사항도 있다. 즉 다른 부하직원의 평가 결과 및 비교되는 다른 조직에 대한 언급, 강제 배분 및 회사 시스템에 대한 불만 등과 같은 말, 토론이나 논쟁 등은 피해야 한다. 아울러 저성과자를 관리하는데 있어서 유의사항으로는 업무에 관련된 문제 및 행동(Working Behavior)에 집중되어야 한다. No personality No emotion이 매우 중요하다.

구성원을 관리하는데 있어서는 다음과 같이 FOSA(Facts, Objectives, Solutions, Actions)에 기초하는 것이다.

첫째, Facts는 사실에 기초한다. 감정이나 가정 또는 전제조건 등이 포함되어서는 안 된다. 물론 관리를 하는데 있어서는 일정 기한을 정하거나 보고서를 제출하지 않았거나 고객 불만 사항이 지속적으로 확대되고 있는지 등을 업무수행(working behavior)에 기초한다. 또한 직속상사 및 회사의 조치 사항도 포함한다. 예를 들면 교육훈련 사항, 과거업적목표, 업무할당사항, 업무의 원칙, 업적 성과 기준 등등을 포함하는 것이다. 또 주위 동료 및 부하직원, 매니저 그리고 고객으로부터 피드백, 입증 자료들을 수집한다. 그리고 저성과자가 무엇을 말했는지 어떻게 행동 해왔는지도 기록한다.

둘째, Objectives이다. 이는 현재 포지션에서 업무를 하기 위해 무엇을 해야만 하는지를 명확하게 대화를 통해 확인하는 것이다. 목표를 정하는데 있어서는 너무 일반적이여서도 안되며, 항상 구체적이고 도달 가능하며 측정 가능한 목표에 기준해야 한다.

셋째, Solutions이다. 목표를 어떻게 달성할 수 있는지 대해 직속상사가 저성과자와 대화를 갖는 것이다. 목표달성을 위한 경험담, 제안 아이디어, 교육훈련 사항, 참고 서적 매뉴얼, 등등에 대해 충분하게 커뮤니케이션을 갖는 것이다.

넷째, Actions이다. 저성과자에게 업적 문제점, 무엇을 달성하지 못했는지에 대해 정확하고 자세하게 그리고 솔직하게 커뮤니케이션을 갖는 것이다.

Action 사항으로는 코칭(Coaching), 카운슬링, 구두 경고, 징계, 견책, Probation(근신기간), Redeployment(재배치), Job Transfer(직무 전환), Voluntary Termination(자발적 퇴사), 그리고 Involuntary Termination(비자발적 퇴사) 등을 포함하는 것이다. 효율적 운영관리를 위한 성공 요소는 명확한 목표를 함께 설정하며, 정기적, 비정기적으로 업적 및 행동에 대해 커뮤니케이션을 유지하며, 항상 평가는 객관적이며 공정하게 하도록 노력하며, 일선 Line manager의 역할과 책임이 중요하다는 것이다. 하지만 항상 민감한 이슈에 대해 준비해야 한다. 업적평가 및 성과에 대한 강제 배분의 어려움과 대상자 선정, 저성과자의 수용성, 노동법상 비자발적 즉 해고의 어려움, 비자발적 퇴사 시에 위로금 또는 전직 지원 프로그램 운영 등에 따른 재정적 부담 그리고 조직의 동요 및 노동조합과 갈등 부분 등이 있다. 선진 글로벌 기업의 사례를 통해 배워야 할 부분도 있다. 인사부서는 지원부서가 되어야 하며 Line Manager가 중심이 되어야 한다는 것이다. 또한 배려와

온정보다는 성과 및 업적 중심의 조직을 운영해야 글로벌 기업화 될 수 있으며, 직속 상사와의 관계 정립, 즉 커뮤니케이션, 믿음 신뢰가 매우 중요하다는 것이다. 외국계 회사 대부분이 저성과자 선발에 대한 규정 및 지침을 갖추고 프로그램의 하나로 운영하고 있다. 미국의 경우 상시 구조조정에 대한 사회적 공감대가 형성되어 있어 일찍부터 진행되어 왔기 때문에 퇴출방식에 대한 거부감이 적은 편이라고 할 수 있다.

· Ford

관리직 직원을 1년에 2회 평가하여 상위 10%(A등급), 중간 80%(B등급), 하위 10% (C등급) 집단으로 구분하고 C등급의 인력에 대해서는 급여동결, 연속 2회 C등급을 받은 사원에 대해서는 감봉 및 퇴출 관리한다. 최근 C등급을 하위 5%로 수정하여 운영 중이며 2000년도부터 도입했다.

· Cisco

회사 설립 초기부터 적용하고 있으며 매년 하위 5%를 퇴직시킨다는 원칙이 있다. 성과개선 프로그램(PIP : Performance Improvement Program)운영해오고 있다. PIP를 통한 재활자는 50% 수준이다.

· Microsoft

1월과 7월 2회 평가하여, 평가결과를 점수화하여 급여인상, 보너스, 스톡옵션 등의 지급기준을 결정한다. 하위5%를 대상으로 퇴출관리를 실시한다.

· IBM

회사의 경영상황(세후수익률8% 이하 등)에 따라 구조조정 방침을 정하고 사원들에게 사전에 예고 함, 하위 고과자에 대해 자발적 퇴직제를 실시한다.

· 후지제록스

성과와 역량평가를 고려하여 저성과자를 구분하고, 인원에 대한 조정이 필요한 경우에 실시한다. 프로그램 운영은 외부기관에 의뢰하여 각 개인에 맞는 프로그램을 진행 함. 희망자에 한하여 3개월간 지원하나, 노동부의 전직프로그램 지원을 활용할 경우 부담을 덜 수 있다. 심리적 안정 프로그램과 전직지원 프로그램으로 나눠서 진행된다. 퇴직지원자 모집 인원 조정이 필요한 경우 공지를 통하여 모집한다. 지원자가 예상 인원에 미치지 못할 경우 사전 분위기 조성하고 성과부진자에 대한 퇴사 권유, 대기발령 및 별도 TFT에 배치한다. 퇴직면담을 통해 대상자의 향후 경력계획 및 진로를 확인한다. 프로그램은 대상자에 적합한 맞춤형 프로그램을 선정 및 진행한다.

직무에서 뿐만 아니라 관련 업계에

CHAPTER 07

지속 가능한 A-Player 되기 (5P)

지속 가능한 인재가 되도록 노력해야 한다

07 지속 가능한 A-Player 되기 (5P)

정년퇴직 후에도 20년 이상 일을 해야 하는 시대가 오고 있다. 조직은 조직주도적인 CDP(Career Development Plan)에서 개인 주도적인 IDP(Individual Career Development)로 바뀌어가고 있으며 자신의 시장가치를 중심으로 한 경쟁력 개발에 초점이 맞추어지고 있다. 이것은 환경에 수동적인 태도에서 벗어나 본인 스스로 능동적인 변화를 수용하지 않는다면 지속적인 경쟁력을 갖기 힘들다는 것을 의미한다. 현재 몸담고 있는 회사의 A-Player로서 뿐만 아니라 관련업계에서도 지속 가능한 A-player가 되기 위한 차별화 된 경쟁력을 보유해야 한다.

경쟁력 주도요소 5P

개인의 경쟁력 회복을 통해 지속 가능한 핵심인재가 되기 위한 방법은 경쟁력 주도요소 5P의 모형이 구체적인 방법을 가이드 해 줄 수 있다. 이러한 5P의 요소를 이해하고 꾸준한 자기 준비를 장기적으로 해 나간다면 현재 속해있는 조직 내에서뿐만 아니라 관련 분야에서 인재로 자리매김할 수 있을 것이다. 5P의 각 요소는 자신의 자원을 이해하고 외부의 환경을 이해함으로써 지속적인 전략을 수립할 수 있도록 돕는다. 기존에는 조직 주도적인 개인의 경쟁력 개발에 집중되어 있었다. 하지만 인력육성과 직무배치 등 조직운영의 경직성이란 한계에 부딪히게 되었다. 더불어 고용시장의 변화로 인해 개인주도적인 전문성 확보 즉, IDP(Individual Career Development)가 주요 관심사로 떠오르고 있다. 이는 개인이 갖는 브랜드의 중요성을 더욱 중요하게 여기게 되는 환경이 되었다는 의미라고 할 수 있다. 향후 정년퇴직 후에 20년 이상 일을 할 수밖에 없는 시대가 오고 있다. 현재에 초점을 맞추기보다 중장기적인 직업적 목표를 갖기 위해서 지속적인 경쟁력을 보유해야만 한다. 지금 조직은 과거의 조직주도적인 CDP(Career Development Plan)에서 개인 주도적인 IDP(Individual Career Development)로 바뀌어가고 있으며 자신의 시장가치를 중심으로 한

〈그림 7-1〉 경쟁력 개발 프로세스 모형의 이해

Person	(자기분석) 나는 누구인가?
Product	(성과분석) 나의 능력은 무엇인가?
Positioning	(가치분석) 나의 위치는 어디인가?
Place	(환경분석) 직업세계의 변화는 무엇인가?
Plan	(목표수립) 목표도달 방법은 무엇인가?

〈그림 7-2〉 CDP vs. IDP

CDP(Career Development Plan)	IDP(Individual Development Plan)
· 조직주도적인 경력관리 접근방법 · 인재육성의 일환으로 경력개발 · 조직 구성원의 성과향상 중시 · 조직이 개인의 직무 및 이동 경로 설계 · 닫힌 조직 – 평생고용을 전제로 설계 · 안정적 조직에서 운영가능 · 유능한 리더로 성장시키는 것이 목표	· 개인주도적인 경력관리 접근방법 · 자신의 시장가치를 중심으로 경력개발 · 개인의 전문성에 근거한 성과향상 중시 · 직장보다 직업을 전제로 설계 · 열린 조직 – Job Market의 공개경쟁 · 불확실한성에 대응할 수 있는 유연성 · Professional이 목표

경쟁력 개발에 초점이 맞추어지고 있다. 이것은 환경에 수동적인 태도에서 벗어나 본인 스스로 능동적인 변화를 수용하지 않는다면 지속적인 경쟁력을 갖기 힘들다는 것을 의미한다. 〈그림7-1〉 〈그림 7-2〉

자기이해하기(Person) – 나는 누구인가?

경쟁력 주도요소 중 첫 번째는 자신에 대한 이해이다. 저성과자로 평가 받는 사유를 살펴보면 무엇보다 자신에 대한 이해 정도가 낮은 경우가 많다. 누구도 알려주지 않았기 때문에 자신에 대해 이해할 기회가 없었을 수도 있고 잘 알고 있지만 변화하지 않으려는 태도에서 비롯된 경우일 수 있다. 개인은 자신을 이해함으로써 자신의 강점을 개발하고 약점을 보완하여 A-Player로서 다시 활약할 수 있는 기회 탐색이 가능해진다. 그 동안 대부분의 회사들은 인재를 길러내는 방법으로 리더십교육, 커뮤니케이션교육, 의사결정방법 등 스킬 업그레이드 차원의 교육을 제공해 왔다. 어떤 개인적인 특성과 성향을 가지고 있으며 관심 분야가 어떤 것인지, 열정을 불러일으키는 일이 무엇인지 등 자신에 대해 생각해 볼 수 있는 교육은 거의 전무했다고 할 수 있다.

세계적인 기업의 임원 한 분과 경력개발에 대한 이야기를 나누던 중 '나는 누구인가?' '나는 무엇을 하고 싶은가?' 라는 자신을 들여다 볼 수 있는 질문을 시작하자 갑자기 당황스러운 표정을 보이셨다. 큰 결례가 되는 질문이었나 싶어 조심스럽게 말을 꺼내었더니 그런 질문을 처음 받아본다는 것이었다. '정말 나는 무엇이 하고 싶은 것일까?' 직장생활 30년 동한 한번도 스스로에게 그런 질문을 하지 않았다는 것이 스스로도 믿기지 않는다는 당혹감이었다고 한다. 그리고 그가 앞으로의 가장 해결하고 싶은 가장 큰 과제는 '내가 무엇을 하고 싶은가?' 에 대한 답을 찾는 것이라고 했다. 차라리 전문가가 자신의 프로필을 보고 "당신은 이런저런 일을 하시오" 라고 결정해주면 좋을 것 같다는 말씀을 덧붙였다. 사실 '내가 무엇을 하고 싶은지?' 를 질문하기에 앞서 내가 어떤 재능을 가지고 있으며 어떤 성격과 행동패턴, 성취동기, 열정 등에 대해 정리되어 있는 것이 중요하다. 변화를 요구 받을 때 사람들이 공감하지 못하는 이유 중 하나는 '내가 왜 변해야 하는지' '도대체 어떻게 변하라는 것인지' 잘 모르기 때문이다. 바로 변화의 당위성과 필요성에 대해 피부로 와 닿지 않기 때문에 변화가 힘든 것이다. 스스로 자신의 목표를 세우기 힘든 것도 바로 내가 누구인지 잘 모르게 때문인 것이다.

〈그림7-3〉 자신을 이해하는데 빙산의 모형을 비유하는 것이 적합할 것 같다. 최근 들어 인재 선발방식에도 중요한 변화의 그림이라고 할 수 있을 것이다. 몇 년 전 까지만 해도 유능한 인재라 함은 학력, 어학능력점수 등 화려한 스펙을 갖춘 사람을 선호했다면 이제 각 회사들은 유능한 인재보다 적합한 인재를 찾으려고 채용선발 시스템을 바꾸어 나가고 있다. 즉 빙산의 표면에 해당되는 지식이나 기술의 비중보다 보이지 않는 빙산의 90%의 기본적인 동기, 가치관, 사고방식, 행동 등이 적합한 인재에 필요한 영역이라고 공감하고 있기 때문이다. 이는 단지 신입사원 선발에만 사용되는 것이 아니다. 리더로서 조직 내에 우리 부서에 스카우트 할 사람을 떠올려 보자. 스카우트 해오고 싶은 특정인은 아마 여러 부서에서도 서로 탐을 내는 사람일 것이다. 그 사람은 능력이 뛰어난 부분보다는 바로 보이지 않는 영역에서 – 태도나 동기, 열정, 사람들과의 관계 – 에 있어서 좋은 평가를 받는 사람일 것이다. 바로 이러한 부분이 인재를 정의 하는데 있어 간과할 수 없는 부분이다.

저성과자 또한 지식이나 기술의 역량이 미흡하여 선발된 경우보다 바로 빙산의 아래 부분에 해당되는 태도의 문제에서 저평가를 받고 있는 사람들이 대다수이다. 자신이 어떠한 사람인지를 파악하는데 빙산의 모형을 스스로에게 한 번 적용해 보자. 과연 조직 내에서 나는 어떤 평가를 받고 있는 것일까? 이는 단지 한 조직의 평가에 머무는 것이 아니라 열린 구직시장(Job Market)에서 자신이 누구인지를 객관적으로 평가해보는 매우 중요한 작업이다. 하지만 이러한 보이지 않는 영역을 파악하는데는 다소 어려움이 있다. 왜냐하면 스스로도 잘 파악이 어려운 부분일 뿐만 아니라 타인도 평가하기 쉽지 않은 영역이기 때문이다. 그래서 여러 가지의 다양한 심리검사도구와 역량진단 도구를 활용하기 시작하고 있다. 기본적으로 MBTI(성격유형검사), MMPI(다면적인성검사), 가치관 검사, 직무적합도 검사, 경력진단검사 등을 통해 자신에 대한 이해를 지원하고 있다. 정량화된 결과 이외에도 정성적으로 자신이 가지고 있는 행동패턴을 파악할 수 있도록 자신의 고유성(Identity)를 정리하고 어떠한 패턴을 가지고 의사결정을 하고 대인관계를 형성하는지에 대한 이해를 지원하기도 한다. 이러한 다양한 분석도구들은 자신이 누구인지 점검해 볼 수 있도록 도와준다. 이외에 나는 누구인가와 관련된 자기분석(Person)과정은 자신이 어떠한 방향으로

〈그림 7-3〉 나의 특성 이해하기

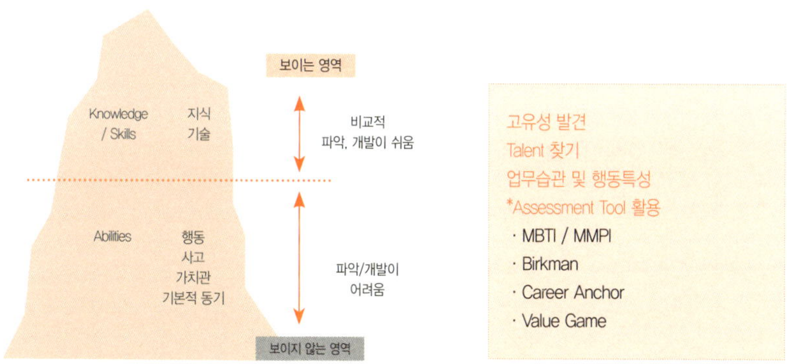

〈 자기 이해하기 체크리스트 〉

자신에 대한 이해와 목적의식	조금그렇다				매우그렇다
나는 나에 대한 자부심을 갖고 있으며, 전반적으로 나에 대해 좋은 감정을 가지고 있다.	1	2	3	4	5
나는 자신감을 잃었을 때, 어떻게 그것을 되찾는 지 안다.	1	2	3	4	5
나는 나의 성향과 기술들을 정확히 말할 수 있다.	1	2	3	4	5
나의 약점을 알고, 그것을 어떻게 보완하며 일하는 지 안다.	1	2	3	4	5
나는 내 인생에 의미과 목적의식을 주는 비젼을 가지고 있다.	1	2	3	4	5
나는 내게 무엇이 중요한 지 알고, 의사결정시 그 내용을 사용한다.	1	2	3	4	5
태도 (긍정적 태도, 수용성, 유연성)					
나는 힘든 상황에서도 내게 기회가 있다고 믿는다.	1	2	3	4	5
나는 전반적으로 인생을 긍정적으로 본다.	1	2	3	4	5
나는 유머감각이 있다. 어려운 때라도 웃음거리를 발견한다.	1	2	3	4	5
나는 배우는 것을 즐기며, 새로운 경험을 통해 성장할 것을 알고 있다.	1	2	3	4	5
나는 인생이 내 마음대로 가지 않으며, 굴곡이 있기 마련이라 생각한다.	1	2	3	4	5
나는 내가 좌우할 수 없는 일을 걱정하면서 시간을 쓰지 않는다.	1	2	3	4	5
신체적/감정적 건강					
내가 언제 스트레스를 받고 있으며, 어디서 도움을 구해야 하는지 안다.	1	2	3	4	5
나는 스트레스를 완화하는 기술을 사용한다. (명상, 운동 등)	1	2	3	4	5
나는 균형 있는 식사를 하며 적당한 운동과 휴식을 취한다.	1	2	3	4	5

〈자기이해하기 체크리스트 해석내용〉

회복력을 가지고 있는 사람의 성격	왜 이 내용이 관련 있거나 중요한가?
자신에 대한 이해와 목적의식	
강한 자긍심 소유 자신감을 회복하는 방법을 안다 개인적인 장점과 능력을 안다 약점과 대처방법을 안다 목적과 미션을 가지고 있다 명확한 개인적 가치관에 의해 산다	어떤 사람들은 어려울 때, 다른 사람보다 쉽게 회복합니다. 하지만, 자신과 환경, 변화의 본질을 이해한다면 누구라도 대응능력을 키울 수 있습니다. 자신의 강점과 인생의 목적의식을 찾는 데에 시간을 투자하는 사람은 스트레스를 보다 효과적으로 완화할 수 있는 자신감과 의미를 회복할 수 있습니다.
태도 (긍정적 태도, 수용성, 유연성)	
어려울 때라도 대안을 찾는다 인생을 긍정적으로 본다 유머감각을 유지한다 인생 경험을 통해 배움을 얻는다 인생의 굴곡을 인정한다 내가 바꿀 수 없는 일은 걱정하지 않는다	많은 상황들은 그 자체로 좋거나 나쁘지 않습니다. 다만, 우리의 생각과 태도가 그 성격을 규정합니다. 상황을 어떻게 바라보는 지는 그 사람이 상황을 대처하는 능력에 영향을 줍니다. 자신이 손쓸 수 있는 부분에만 노력을 집중하고, 대안을 찾으며 인생에 굴곡이 있다는 것을 인정하는 사람은 변화의 기간에도 유머감각을 잃지 않으며 상황을 조절할 수 있습니다. 긍정적 태도를 유지하는 것은 변화의 시기에 매우 중요합니다.
신체적/감정적 건강	
스트레스를 감지한다: 도움 구할 때를 안다 스트레스를 줄이는 기술을 사용한다 건강한 생활을 유지한다 긍정적, 부정적 감정을 모두 표현한다 광범위한 관심사를 가지고 있다 스트레스가 많은 때에도 시간을 내서 내게 중요한 일을 한다	신체적, 감정적 건강을 누리지 않으면서 자원을 활용하는 것은 힘든 일입니다. 예를 들어 운동은 휴식과 에너지를 재충전시키기도 하지만, 자신감과 긍정적 사고도 키워줍니다. 다양한 관심분야는 우리 인생의 일부분이 다소 스트레스를 주더라도 균형있는 삶을 유지하도록 도와줍니다. 자신의 신체적, 감정적 건강에 관심을 기울이는 사람은 변화의 기간에 보다 건강한 상태를 유지합니다.

나가야 하는지에 대해 구체적인 목표를 수립할 수 있도록 도와주며 변화에 대해 수용할 수 있는 심리적인 지지 기반이 되는 과정이다.

직장인들이 자기개발 혹은 경쟁력개발의 고민의 대부분의 경우 자기이해의 단계를 거치지 않아 정작 본인의 게임에 흥미를 느끼지 못하고 시간이 갈수록 집중이 어려워지면서 자신의 파랑새를 찾아가는 혼란을 경험하게 되는 것이다. 즉, 경쟁력개발에 주도권을 자신이 갖고 있는 것이 아니라 환경에 주도권을 넘기게 되어 자신이 무엇을 원하는지는 쓸데없는 질문이 되어 버리는 것이다. 경력 선택의 주도권을 누가 가지고 있느냐가 바로 아마추어와 프로페셔널을 구분하는 기준점이다. 특히, 저성과자로 지목된 사람들이 오랜 기간 동안 성과를 내지 못하는 이유가 여기에 있을 수 있다. 다른 사람의 시선을 중요하게 여기는 한국사람들의 직장에서의 성공은 소위 타이틀이다. 이름만 대도 알만한 대기업 수준의 회사 또는 직급의 정도가 자신의 위치를 말해준다고 생각한다. 예를 들면, 영업부서보다는 전략기획실의 명함을 상대방에게 내밀 때 자신이 능력 있는 사람으로 보여진다고 생각한다. 그렇지만 사람마다 장점을 가지고 있는 영역이 다르고 추구하는 삶의 방식이 다름에도 불구하고 선호하는 직무가 모두 동일하다. 같음보다는 다름이 차별화된 경쟁력의 핵심이다. 남들과 같지 않음에 불안해하기보다는 남들과 다름이 주는 새로운 기회를 발견해야 한다.

이제 사람마다 가지고 있는 능력과 가치가 다름을 인정해야 조직도 지속 가능한 성과를 창출할 수 있다. 활동적이고 가시적인 성과를 경험하는 것에 흥미를 느끼는 사람이 문서작업과 씨름하고 성과를 만들어내야 하는 업무를 수행해야 한다면 이는 고통이 아닐 수 없다. 스스로가 만들어 놓은 덫에 걸려 허우적거릴 수 있게 된다. 다들 부러워하는 기획실에 발령을 받았지만 하루하루 물먹은 솜처럼 지쳐가고 있다는 하소연을 하는 경우가 있다. 회사 내의 브레인들이 모여 있는 부서에 대한 동경이 있기도 했고 몸으로 부딪쳐야 하는 현장업무보다는 머리로 일하는 기획 업무가 더 쉬울 것 같다는 생각에 부서를 옮겼다고 한다. 하지만 몇 개월 근무하면서 머리가 계속 무겁고 일을 해도 성과가 보이지 않으면서 스트레스는 점점 쌓여만 갔다. 답답한 마음에 인사이동 시 전환배치를 요청할까도 생각해보지만 자신이 기획업무에 맞지 않는다는 것을 사람들에게 들키게 될까 전전긍긍하게 된다. 이처럼 많은 직장인들이 자신이 무엇을 잘해내고 있고, 무엇을 원하는지의 주도적인 선택보다 다른 사람들이 어떻게 나를 볼까라는 체면과 권위를 중시하는 가치관이 아직까지는 지배적이라고 할 수 있다. 남들이 부러워하는 직장과 부서에서 근무하는 것이 단기적으로는 직장생활의 만족감을 줄 수 있겠으나 자기에 대한 진지한 탐색과 방향이 정리되지 않는다면 지속적인 성과를 만들어 나가는데 한계를 경험할 수 밖에 없다.

Activity

· 도저히 해낼 수 없을 것 같은 일을 해낸 경험은 무엇인가?

- 많은 에너지를 쏟지 않아도 남들보다 쉽게 해내는 일은 무엇인가?
- 시간가는 줄 모르고 열중했던 경험은 무엇인가? (업무 또는 기타활동)
- 금전적인 보상이 따르지 않아도 기꺼이 하는 일은 무엇인가?
- 가장 만족스러웠던 근무 환경 또는 일의 형태는 무엇인가?
- 성취의 경험 또는 좌절감의 경험이 있다면 3가지씩 정리해 보자.
- 정말로 나의 삶을 통해 이것만은 이루고 싶다거나 얻고 싶은 것은 무엇인가?

능력이해하기(Product) – 나의 능력은 무엇인가?

능력의 정의

스스로에게 질문해보자. 나의 능력은 무엇일까? 대부분의 직장인들에게 이러한 질문을 한다면 답변하는 것에 난처해한다. 아마 이 질문에 한마디로 정리하여 이야기할 수 있다면 그 사람은 이미 프로페셔널이라고 할 수 있다. 과연 능력이란 것이 무엇일까? 흔히 사용하는 단어이기는 하지만 '능력'에 대한 조작적 정의 외에 실제 직장생활에서 말하고 있는 능력의 의미가 무엇인지는 정의 내리기는 쉽지 않다. 누구나 능력이 있는 사람이 되고 싶으나 어떻게 해야 능력 있는 사람이 될 수 있는지의 정답은 누구도 알지 못하는 것 같다. 자기계발에 대한 욕구는 강하나 회사는 자신의 능력을 발휘할 기회를 주지 못하고 있다는 생각도 든다. 또 성장의 기회를 부여받았다고 해도 자신이 어떠한 능력을 가지고 있는지도 잘 모르는 것이 현실이기도 하다. 상사의 지시를 기한 이내에 해내기도 버거운 것이 직장생활 아니겠는가? 매일 최선을 다해 살지만 다람쥐 쳇바퀴 돌 듯 시간은 흘러간다. 신입사원시절에는 능력의 차이가 확연히 구분되지 않지만 중간관리자, 임원진으로 직급이 올라갈수록 사람에 따른 능력에 차이가 뚜렷해진다. 능력은 실무수행의 전문성뿐만 아니라 사람관리영역에 있어 그 중요성이 더욱 커진다고 할 수 있다. 주니어 시절에는 실무에 많은 비중을 두고 능력을 평가했지만 윗 직급으로 갈수록 필요로 하는 능력의 범위가 확장되어 가며 특히 사람관리능력의 비중이 커지고 있다. 이처럼 능력이란 단지 업무수행능력이 아닌 전방위적인 요소를 포함하고 있다.

능력의 공식 = 평판 X 성과 X 네트워크

능력이란 성과와 조직 내의 평판, 네트워크를 곱한 크기라고 할 수 있다. 곱셈 공식의 특징은 어떤 수에 '0'을 곱해도 '0'이라는 사실이다. 아무리 성과가 좋더라도 평판이 '0'면 능력은 '0'이다. 아무리 평판과 성과가 좋더라도 네트워킹파워가 '0'이라면 그 사람의 능력은 '0'이다. 이제부터 능력에 대한 공식을 암기하도록 하자. 다음은 각각의 3가지 요소에 대해 이해하고 어떻게 준비해야 하는지 구체적인 방법을 제시해 줄 것이다.

평판의 이해

평판이란 사람들이 당신에 대해 어떻게 말하는 가이다. 당신이 성과를 내는 능력을 직접적으로 경험하지 못한 사람들이라고 해도 상사나 동료들은 소문을 기준으로 평가를 내리게 될 가능성이 높다. 조직 내에서 소문이 사실이든 사실이 아니든 간에 소문은 순식간에 퍼진다. 이 소문에 따라 평판은 좋아지기도 하고 위험해지기도 한다. 이것은 동서양을 막론하고 사람들의 보이는 동일한 반응이라고 할 수 있다.

사내 Job Posting이 도입되거나 부서에 새로운 사람을 영입하고자 할 때 가장 먼저 고려하는 사항은 무엇인가? 아마 첫 번째 조직 내에서 어떠한 평가를 받고 있는 사람인가의 평판을 들어보고 결정하려고 할 것이다. 어떠한 조직이든 사람과 사람 사이의 관계로부터 출발하는 것이기 때문이다. 아무리 업무를 탁월하게 해낸다고 하더라도 부서의 분위기에 적응하지 못한다거나 태도에 있어 호의적이지 못한 평가를 받고 있다면 후보에서 제외하게 된다. 회사 내에서뿐만 아니라 서치펌을 이용하여 외부 인재를 영입하고자 할 경우에도 후보자의 평판 조회를 통해 최종적인 여부를 결정하기도 한다. 자신의 성품과 자격에 대한 평판은 현재 회사나 동종업계에 중요한 영향을 미칠 수밖에 없다. 실무능력에 앞서 현재 조직에서 어떠한 평가를 받고 있는 사람인지가 능력의 중요한 요소가 되고 있는 것이 사실이다. 자신의 긍정적, 부정적 평가에 대해 듣는다는 것은 대단히 불편한 일이지만 이러한 객관적 평가의 수용과 인식이 되지 않고서는 자기관리를 제대로 할 수 없다. 자신에 대한 긍정적인 평판을 위해서는 먼저 행동하기 전에 생각해 보아야 한다. 사람들로부터 어떻게 평가 받길 원하는가? 어떠한 인상을 주고 싶은가? 자신의 평판이 어떤지 알고 관리 해야만 한다. 평판도 변화 시킬 수 있지만 상당한 노력과 시간과 에너지가 필요한 작업이다.

Activity

· 다른 사람들이 당신을 가장 인정해 주는 점은 어떤 부분이라고 생각하는가?
· 자신의 평판에 영향력을 미치는 2–3명의 리더는 누구인가?
· 자신의 평판에 영향력을 미치는 2–3명의 고객(외부 또는 내부)은 누구인가?
· 자신이 속한 조직에서 평판에 영향력이 미치는 2–3명의 동료는 누구인가?
· 이들에게 물어본다면 당신의 어떤 부분을 인정해줄 수 있을까?
· 이들은 당신의 주요 업무 역할과 책임은 무엇이라고 답할까?
· 이들이 그렇게 말한 이유는 무엇일까?
· 당신에 대한 이들의 평가에 영향을 미친 구체적인 사례를 정리해보자
· 자신의 가장 인정 받을 만한 가치는 어떠한 능력이라고 생각하는가?
· 당신은 사람들이 자신에 대해 어떻게 평가해 주기를 기대하고 있는지 정리해보자.
· 자신의 평판을 관리하기 위해 취할 수 있는 행동 3가지를 정리해보자.

성과의 이해

직장생활 10년 차에서 20년 차에 이르는 사람들에게 자신이 업무를 수행해오면서 이루어낸 성과가 무엇인지 물으면 이 또한 대답하기 곤란해한다. 열심히 일했지만 성과가 무엇인지는 막상 구체적으로 대답하기 어렵기 때문이다. 누구나 해낼 수 있었던 일이 성과라고 내세울만 한지도 모르겠다고 한다. 하지만 분명 특정 업무에서 남들보다 쉽게 성과에 도달하는 패턴이 있었을 것이고 이러한 부분이 회사의 성과를 향상시키는데 기여했을 것이다. 또 이러한 기여가 회사로부터 인정받는 기회였을 것이다. 안타까운 것은 정작 본인은 자신이 어떻게 성과에 도달하는지에 대해 탐색하고 성취업적의 패턴을 분석해 보지 않았다는 것이다. 자신이 업무능력에 있어 어떤 차별화된 능력을 가지고 있는지를 이해하기 위해서는 반드시 자신이 이루어낸 성취업적의 분석이 이루어져야 한다. 이것은 단지 업적평가를 위한 것뿐만 아니라 자신의 능력에 대한 확신을 가질 수 있도록 도와 주며 자신의 유능함에 대해 긍정적으로 강화시켜줄 수 있기 때문이다.

그렇다면 자신의 성취업적을 어떻게 분석해 낼 수 있을까? 동료나 가까운 상사에게 자문을 구해보는 것도 좋은 방법이다. 우선, 대표적인 성취업적 10가지를 서툴게라도 정리해 본다. 예를 들면 소소한 사건이었지만 회사나 동료로부터 인정을 받았던 사례부터 시작하여 인센티브, 포상을 받았던 경험을 떠올려 보는 것이다. 이렇게 성취업적의 데이터베이스를 모아 보는 것으로부터 출발한다. 사례가 떠오르지 않는 경우 Activity에서 제시한 질문을 활용해보는 것도 효과적이라고 할 수 있다. 성취업적에 대한 사례가 모아지면 다음 단계로 사례별 성취동기와 활용했던 스킬에 대해 이해하는 과정이 필요하다. 분명 성취업적 사례를 분석하다 보면 대개의 경우 문제해결 키워드가 동일한 역량으로 해결되었음을 알 수 있다. 이것은 개인마다 성과를 도출하는 방법에 있어서 자신만의 고유한 강점 역량을 기반으로 하고 있다는 것을 말해준다.

이는 마치 과학용어에서 말하는 프랙탈(fractal) 구조의 형태와 유사하다고 할 수 있다. 프랙탈이란 작은 구조가 전체구조와 비슷한 형태로 끝없이 되풀이 되는 구조를 말한다. 프랙탈은 부분과 전체가 똑 같은 모양을 하고 있다는 자기유사성의 개념을 설명한 것으로 단순한 구조가 끊임없이 반복되면서 전체구조를 만드는 것이라고 한다. 자기 유사성은 부분을 확대할 때 전체와 닮은 모습을 보여주는 성질이며 변화시켜도 같은 형태를 띠며 반복하는 특징을 가지고 있다고 한다. 이것은 성취업적을 분석하는 작업과도 동일하다. 자신이 이루어낸 성취업적의 프랙탈 구조 즉 자신의 보유하고 있는 핵심역량의 프랙탈은 무엇인지 파악해보는 것은 매우 의미있는 작업이다. 자신이 이루어낸 성과와 관련된 역량이 무엇인지 완전히 이해하여 자신의 특성을 파악해야 한다. 핵심역량을 도출해내는 SOAR의 구조를 이해하면 보다 쉽게 자신의 성과를 정리해 볼 수 있다. 〈그림7-4〉

〈그림 7-4〉

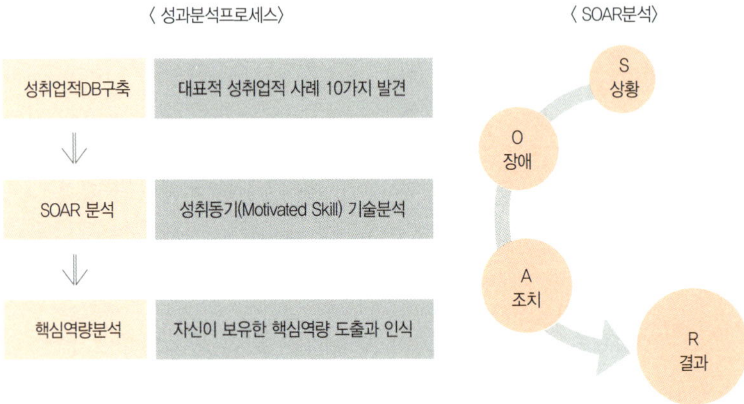

SOAR 사례 예시

- Situation 상황을 설명합니다
- Obstacles 직면한 장애에 대해 설명합니다
- Actions 수행한 조치를 나열합니다
- Results 성공에 도움이 된 결과로 자신과 조직에 유익이 된 점을 설명합니다
- 도출된 핵심역량 예시 : 기술의 전문성, 과감한 의사결정력, 미래 예측과 통찰력

SOAR를 통해 정리된 성취업적 사례

갑작스런 사업계획의 수정에도 불구하고 목표 달성을 이루어냄

· OO 에서는 대리점 영업체제에서 직영체제로 국내 판매구조를 혁신하기로 하였다. 미국본사에서는 이에 따른 직접 영업에 필요한 인력과 시설 창고 등의 확보를 위한 조직과 예산을 모두 승인하였으나, 그 해 IMF의 발표로 인하여 우리나라의 환율이 매일 상승하였고, 이에 따라 경영진에서는 갑작스럽게 직영계획을 보류하고 새로운 대리점을 찾아서 3개월 안에 신제품 일회용렌즈를 출시하라는 긴급한 상황이 벌어졌다.

· 따라서 미국본사에서는 신제품 출시날짜를 0000년 1/4분기로 target을 준 상황이라 MBO에 의거하여 사업구조를 다시 짜고 능력 있는 대리점을 선정해야만 했다.

· 당시에는 경험과 자금력이 있는 대리점을 찾기가 거의 불가능한 상황이었다. 주어진 3개월 안에 대리점후보를 찾아서 계약을 맺고 제품 및 영업기술 교육을 하기란 사실상 불가능한 상황이었다.

· '두드려라 그러면 열릴 것' 이란 말은 내가 영업활동을 하면서 새로운 일을 하거나 새 고객을 물색할 때 항상 외우는 말이다. 한가지 더 보탠다면 현장을 뛰는 것이다.

· 원점으로 돌아가서(Going to Basics), 시장의 주요 고객과 모든 주요경쟁사의 매니저들을 만나 보았다. 그런 과정에서 우리회사 제품의 대리점이 되고자 하는 업체를 만났다.

· 대리점의 선정은 기존의 단기적 영업성과를 낼 수 있는 곳 보다는 신뢰를

쌓을 수 있는 열정과 새로운 사업에 대한 학습동기가 있는 대리점을 선정했다.

· 시장경험과 능력과 브랜드 파워가 부족한 후발주자로서 선발경쟁사와 싸워 이기는 것은 제품지식과 함께 팔고자 하는 열정적인 자세밖에 없다.

· 영업직원들은 안경원과 안과 영업경력은 있으나 콘택트렌즈의 전문적인 기초 지식이 전혀 없었다. 이를 대비하여 97년에 졸업한 서울 보건대학교 안경광학과 야간과정에 입학하여 배운 안과학, 광물리학 등을 대리점 영업직원들에게 가르쳤고, 평소에 틈틈이 친분을 쌓았던 전공교수님의 봉사로 보건대학 안경광학과 실험실에서 약 2주간 야간 교육을 실시했다.

· 0000년 0월 00일 인터컨티넨탈 호텔에서 출시회를 가졌으며 출시회 이후로도 매주 1회씩 영업 제품교육을 실시했다. 물론 영업사원들이 주도적으로 다함께 참여하는 분위기를 유도했으며 이는 효과적이었다.

· 그 해 IMF의 어려운 시절 우리는 업계에서 유일하게 목표 달성을 했고, 이듬해 경쟁사들이 못받던 인센티브를 받았을 뿐 아니라 일회용 렌즈매출에서 다음해 일회용렌즈 부문에서 00을 뛰어 넘은 계기가 되었다.

〈영업조직의 중요한 점은 자신감이고 마케팅의 중요한 역량중의 하나는 고객만족 프로그램의 준비와 실행 전에 반드시 영업팀과 함께 호흡하는 신뢰의 정신을 심어주면서 4P의 전통적인 Tool을 전략적으로 일관되고 시장상황에 가장 기민하게 대응함으로써 영업팀의 자신감과 고객만족의 동반상승을 불러 일으킨다는 점을 우리는 실천했다〉

현장에서 시간을 보내도록 충분히 유연해야 한다(Living in the Jungle)

· 영업부서직원은 오전 10시30분 이전에 회사를 나가야 한다는 내부적인 Rule이 있었지만 내근직원과 마찬가지로 너무 많은 서식과 일일 활동 보고자료와 수금자료 정리 등으로 인하여 고객을 만나러 나가는 시간이 상당히 지연되고 있었다.

· 영업부 직원은 제품별 주문서 외에 오로지 한가지 행정서식만을 사용하도록 했다. A4용지 반 크기의 영업일보수첩을 만들어 영업직원이 따로 다이어리를 가지고 다닐 필요가 없게끔 했으며 그 뒷면에는 Sales Hot Report라는 양식을 만들어 판매아이디어, 판촉아이디어 및 요청사항, 휴가 등 회사 내규관련 승인요청, 각종기안을 하도록 했다.

· 그에 따라 영업사원들의 내부업무처리 만족도가 상당히 개선되었으며 필요하다면 현지 출퇴근 시에 이메일로 영업활동 및 각종자료 보고를 하도록 조정하였다. 물론 일을 처리하면서 인사부와 경리부 담당 매니저와 많은 대화를 하였고 회사의 우선순위를 따져서 관리부서에서 일이 그렇게 진행되도록 도와주는 것이 회사의 성과에 도움이 되고 연말에 보너스를 더 받을 수 있다는 것을 끊임 없이 설득하고 최고 경영자에게 같은 메시지를 보내면서 신뢰를 얻어 나갔다.

· 마케팅에서도 Marketing Hot Report를 한 장 만들어서 예산 Cost Center별, 용도별, Agency별 제품별, 소비자 혹은 일정 고객별 구분을 하여 보고하도록 하였으며, 필요한 내용은 Agency들의 보고자료를 참고하도록 하여 PM들이 현장에서 시간을 보내도록 독려했다.

마케팅 담당직원은 일주일에 최소한 10시간 이상은 고객과 함께 시간을 보내도록 요구했다고 현장 방문 후에 소감과 아이디어를 주단위로 정리하여 부서장에게 이메일을 보내도록 하여 마케팅의 기본인 시장조사와 새로운 고객만족 프로그램과 영업촉진 대안을 만드는 습관을 만드는데 기여했다.

Activity

- 보다 쉽고 정확한 업무 수행을 위해 새로운 시스템이나 절차를 도입한 경험이 있는가?
- 시스템이나 인력을 효과적으로 관리했는가?
- 업무 수행 시 상사나 동료부터 찬사를 받은 경험이 있는가?
- 어떤 탁월한 업무성과의 결과로 인센티브를 받은 적이 있는가?
- 어떤 부분에 대한 인정을 받고 승진을 했는가?
- 회사의 실질적인 이익에 기여한 경험이 있는가?
- 의사결정이나 기획과정에 참여한 적이 있는가? 그 결과는 무엇이었는가?
- 회사의 자금이나 시간을 절약했다면 구체적인 정황을 정리해 보자.
- 조직으로부터 높은 평가를 받을 수 있는 방법은 무엇인가?
- 조직 내에서 자신과 차별화 되는 능력은 무엇인가?
- 미래에도 자신의 경쟁력을 유지 할 수 있는 방법은 무엇인가?

네트워크의 이해

앞으로는 NQ(Network Quotient)가 높은 사람이 주목 받는 시대가 될 것이라고 한다. NQ란 인간관계를 얼마나 잘 유지하고 관리하는지를 나타내는 지수이다. 일명 공존지수라고도 한다. NQ는 불확실한 미래와 무한경쟁의 시대에 오히려 더 각광받는 요소 중의 하나로 평가받기 시작하고 있다. 지금처럼 인터넷을 통한 수평적인 관계를 맺기 전부터 어쩌면 직장인들이 가장 중요하게 생각하고 있던 인맥 만들기와 같은 맥락으로 이해될 수 있을 것이다. 점차 인맥 만들기라는 오프라인 상의 한계를 벗어나 같은 관심사나 동종업계의 커뮤니티 등으로 확장되면서 네크워크의 영향력은 막강해지고 있다. 특히나 소통과 관계가 중요해지면서 네트워킹의 힘은 자신의 능력을 성장 시키는 간과할 수 없는 요소가 되고 있다. 스마트폰 등장, 트위터, 페이스북 등 소셜 네트워크의 활용은 자기관리의 필수요건이 되고 있다.

기존에 네트워크라 하면 무엇인가 아쉬운 부탁을 하는 힘을 가진 특정 몇몇을 관리하는 정도로 이해되어 거부감과 부담감을 느끼게 되는 단어였다. 그러나 네트워크는 누군가에게 의존하는 것이 아니라 상호간의 도움을 주고 받는 관계로 변화 되고 있다. 이제 네트워크의 힘을 과소 평가할 수 없는 시대가 되었다. 효과적인 네트워크를 위해서는 무엇보다 관대히 경청하는 태도가 중요하다. 진지한 경청의 태도는 다른 사람과의 관계를 강화시키는 동시에 강력한 네트워크를 강화하고 수립하는데 도움을 준다. 사람들이 무엇을 정말로 원하는지를 경청한다면 반드시 당신을 위해 상대방은 무슨 일이든 해줄 사람을 얻게 될 것이다. 그러나 네트워크 이전에 염두에 두어야 할 사항은 자신이 얼마나 준비되어 있는 사람인가를 먼저 이해해야 한다는 점이다. 자신의 평판

관리나 혹은 미흡한 자격의 수준으로 자신을 노출하게 되었을 때의 위험성에 대해서도 감수해야 할 상황이 벌어지기도 하기 때문이다. 자신의 네트워크를 확장하기 위해서는 다른 사람들로부터 얻을 수 있는 자신에 대한 신뢰 수준과 준비되어야 할 자격에 대해 점검해 볼 필요가 있다.

네크워킹에 익숙해지기 위해서는 4가지 영역에 균형을 이루어 있어야 한다.

첫 번째, 자신이 몸담고 있는 조직이다. 조직이 무엇을 요구하는지, 전략과 비전과 가치를 공유하고 소통하는 것이 중요하다. 조직의 기준이 무엇인지, 자신의 업무 롤이 무엇인지, 리더가 누구이고 어떻게 평가받는지를 알아야 한다. 또한 자신의 근무하는 조직내의 사람들과 우호적인 관계를 형성해야 한다.

신뢰의 결정 요인	준비되어야 할 자격
자신이 하겠다고 한대로 행동한다.	일 처리가 뛰어나다
공정하고 정직하다	인정받는 전문가이다
전문적이다	자신의 역할에 대해 분명한 성과를 보이고 있다
시간을 준수한다	회사 내에서 적극적인 리더십을 발휘하고 있다
자신감을 유지한다	업무를 효과적으로 수행하고 사람을 성장시킨다
다른 사람들을 칭찬한다	적절하고 현실적인 충고를 제공한다
리더십에 대해 좋은 평가를 받고 있다	만족한 고객으로부터 감사와 추천을 받는다
다른 사람들의 관심사를 존중한다	다른 사람을 돕고 조언해 줄 수 있는 능력이 있다
하는 일은 무엇이든지 뛰어나고자 한다	지인들로부터 신뢰를 얻고 있다.

〈개인의 네트워킹 체크 리스트〉

개인적 지원	반대		약간		찬성
나는 넓은 지원 네트워크를 가지고 있다. (파트너, 가족, 친구, 동료 등)	1	2	3	4	5
내게는 내 염려사항을 함께 의논하고 나를 도울 친구가 한 사람 이상 있다.	1	2	3	4	5
나는 도움이 필요하다고 느껴질 때 부탁한다.	1	2	3	4	5
나는 독립과 의존사이에 균형을 갖추고 있다.	1	2	3	4	5
나는 가족/친구와 강한 유대관계를 가지고 있다.	1	2	3	4	5
나는 정기적으로 믿을 만한 피드백과 조언을 구하고 받는다.	1	2	3	4	5
자원 확보					
인생의 고난과 변화를 겪으면서 나는 더 강해지고, 변화에 적응하는 법을 배웠다.	1	2	3	4	5
스트레스가 많은 시간에도 나는 내 주변을 정리하고 일의 순서를 정한다.	1	2	3	4	5
위기나 새로운 상황에 나는 필요한 자원을 찾아내고 운용한다.	1	2	3	4	5
나는 문제에 봉착했을 때, 대안을 여러가지 생각해낸다.	1	2	3	4	5
나는 인생에서 필요한 것과 원하는 것들의 적절한 한계를 두고 있다.	1	2	3	4	5
인생의 일부분에서 스트레스를 느낄 때, 나는 다른 부분에서까지 영향받지 않는다.	1	2	3	4	5
자원관련 지식					
나는 업무상황에서 도움을 청할 수 있는 다양한 사람들을 알고 있다.	1	2	3	4	5
나는 개인적/업무적 일로 정보를 구하기 위해 연락할 수 있는 넓은 범위의 네트워크를 가지고 있다.	1	2	3	4	5
위기에 처했을 때, 나를 적당한 자원으로 연결해줄 사람들을 알고 있다.	1	2	3	4	5
나는 도움이 필요할 때, 찾아갈 만한 다양한 조직들을 잘 알고 있다.	1	2	3	4	5
나는 접근할 수 있는 지역사회 조직이나 서비스를 알고 있다.	1	2	3	4	5
나는 내 직장이 제공하는 혜택과 서비스를 알고 있다.	1	2	3	4	5

〈개인의 네트워킹 체크 리스트 해석내용〉

탄력적인 사람의 성격	왜 이 내용이 관련있거나 중요한가?
개인적 지원	
광범위한 네트워크를 가지고 있다. 의견을 나누고 지원을 약속한 조언자들이 있다. 기꺼이 도움과 조언을 청할 줄 안다. 독립과 의존사이에 균형을 갖추고 있다. 가까운 가족, 친구와 건강한 관계를 유지하고 있다. 피드백을 줄 수 있는 사람들을 구한다.	아무리 내재적인 자원이 풍부하다 하더라도 변화의 기간에는 개인적으로 지원을 아끼지않는 다양한 사람들이 절대적으로 필요합니다. 조력자들은 당신을 존경하고 염려하며 당신의 의견에 동의하거나, 솔직한 의견을 제시할 수 있는 사람과 실질적인 도움을 줄 수 있는 사람들입니다. 변화의 상황에 처한 사람은 자신이 필요한 도움의 종류를 정확히 알고있어야 비로소 도움을 청할 수 있습니다.
자원 확보	
변화와 모호함을 이해한다. 업무를 효과적으로 조직화한다. 필요한 자원을 찾아내어 운용한다. 문제해결 대안을 구상한다. 시련을 통해서 강해진다. 스트레스가 인생의 다른 부분까지 잠식하지 못하게 한다.	상황을 구조적으로 분석하면 그것이 어떻게 그리고 왜 영향을 주는 지 알 수 있습니다. 사람들은 변화의 영향력을 정확히 측정하고, 변화중에 발생하는 스트레스를 줄이며 변화에 수반되는 이익을 극대화시키는 방법을 계획함으로써 변화대응능력을 키울 수 있습니다. 대부분의 사람들은 생각보다 많은 자원을 가지고 있습니다.
자원관련 지식	
도움과 조언을 얻기 위한 전문적인 네트워크를 구성한다. 트렌드 관련 정보를 구하는 법을 안다. 위기의 시기에 자원확보를 위한 도움을 구할 수 있다. 도움을 구할 수 있는 조직을 안다. 지역사회에서 제공하는 서비스를 안다. 조직에서 혜택을 찾을 수 있다.	변화의 시기에 가족과 친구의 도움이 절대적이긴 하지만, 그밖의 도움도 필요합니다. 책, 테잎, 전문가 협회등은 모두 유용한 도구가 됩니다. 묻기만 한다면 쉽게 찾을 수 있는 내용들입니다. 필요한 자원을 찾아 사용하는 사람은 변화의 시기를 보다 효과적으로 대응할 것입니다.

두 번째, 자신의 업무와 관련된 전문영역의 능력을 갖추고 있어야 한다. 자신의 전문영역 내에서 네트워크를 만드는 것은 전문성을 강화 시킬 뿐만 아니라 자신의 영향력을 확장하고 지속적인 성과를 만들어내는데 도움을 줄 수 있다.

세 번째, 자신이 근무하는 업계의 동향이다. 자신이 속한 업계의 동향을 관찰하고 정보를 교환함으로써 변화에 유연하게 대처해야 한다.

마지막으로는 개인적인 삶에 초점을 맞추어야 한다. 자신의 추구하는 삶의 방식에 도움을 주는 네트워킹을 통해 직장생활과 개인의 질적인 삶에 만족을 할 수 있어야 한다. 이러한 네트워킹의 균형이 이루어질 때 보다 높은 성과를 만들어 낼 수 있는 가능성이 높다.

Activity

- 자신의 평판을 어떤 식으로 변화 또는 강화할 것인지에 대해 구체적으로 생각해봅시다
- 자신의 네트워크의 강점과 약점은 무엇인지 정리해봅시다.
- 가장 최근에 주변의 사람들로부터 도움을 받은 사례를 정리해봅시다.
- 당신이 다른 사람에게 도움을 준 예를 적어봅시다.
- 다른 사람을 도울 수 있는 나의 전문지식은 무엇인가?

가치이해하기(Positioning) – 나의 가치는 무엇인가?

나는 누구인가, 나의 능력은 무엇인가에 대한 분석은 자기 내부자원에 대한 이해였다면 자신의 가치를 이해하는 것은 외부환경에서 어떠한 자원으로 이해되는지에 대한 객관적인 평가 항목이라고 할 수 있다. 이제 개인의 경쟁력은 한 조직에 국한되어 있지 않고 동종업계와 유사업계에도 영향력을 가질 수밖에 없다. 물론 공기업처럼 이직이 거의 발생되지 않는 조직의 경우는 구직시장(Job Market)에서 평가하는 자신의 경쟁력에 큰 의미를 두지 않을 수 있겠지만, 한편으로는 피라미드 형태의 공기업 조직에서는 개인의 경쟁력(자신의 가치)을 인정받으려는 것에 더 치열한 환경일 수 있다. 직급이 올라갈수록 포지션의 수는 줄어들고 결국 피라미드의 꼭대기에 도달할 수 있는 가능성은 낮아지기 때문이다.

포지셔닝이라는 말은 본래 마케팅에서 사용하는 용어이다. 포지션이란 시장에 출시되는 제품이 소비자들에게 지각되고 있는 모습을 말하며 포지셔닝이란 소비자들의 마음 속에 자사제품의 바람직한 위치를 형성하기 위하여 제품의 효과와 유익을 개발하고 커뮤니케이션 하여 가장 유리한 위치에 놓이도록 노력하는 과정이라고 정의한다. 개인의 가치를 이해하기 위해 마케팅에서 포지셔닝의 개념을 빌려왔다. 즉, 개인이 조직 또는 업계에서 자신의 가치를 가장 유리하게 놓이도록 커뮤니케이션 하는 것이 A-Player의 포지셔닝이다. 자기 경쟁력의 개발은 효율적인 마케팅의 프로세스와 동일하다. 조직 내외부에서 자신의 가치를 가장 높이 평가 받을 수 있는 위치를 발견하고 자신만의 고유한 전무성과 역량을 발휘하기 위한 목표를 명확히 설정하는데 용이하게 사용할 수 있다. 자신의 포지셔닝을 분석하기 위해 우선 회사의 경력경로의 흐름을 파악해야 한다. 또 업무 수행 시 축적된 전문지식과 자신만의 강점, 약점 등 역량의 SWOT 분석을 통해 조직에서 어떠한 위치에 놓여있는지 알아야 한다. 특히 조직 내 자신의 포지셔닝을 위해서는 외부환경에 따라 변화하는 회사의 주요 이슈에 대해 반영할 필요가 있다. 다음은 자신이 어떠한 전문성을 가지고 있는 가치 있는 사람인지를 설명하는 기술서 이다.

Positioning Statement

포지셔닝 설명서는 네크워킹 모임에서 사용되는 기본 커뮤니케이션 도구이다. 포지셔닝 설명서에는 사람들과 대화하는 동안 매우 많이 받게 되는 질문(당신은 어떤 사람인가?)에 효과적인 답변서이다. 포지셔닝 설명서에는 상대방이 자신에 대해 간단명료하고 긍정적으로 기억할 수 있는 많은 내용이 포함되어 있다. 포지셔닝 설명서를 작성한 후 연습 없이도 자연스럽게 말할 수 있도록 큰소리로 읽어 보라. 포지셔닝 설명서는 2분내에 끝내야 하며 다음과 같은 구성 요소로 이루어진다.

Positioning Statement Guideline

1. 직업

먼저 자신의 전문가 의식을 현재 시제(저는 정보관리 시스템 관리자입니다.)로 설명합니다. 이전의 직함이나 조직이 아닌 현재의 직업 개념도는 직업 레벨과 연관하여 자신의 이미지를 명확하게 구축합니다. 현재 직함이 부사장인 경우 마케팅 임원이라고 보다 정확하게 묘사할 수 있습니다.

2. 전문지식

자신의 전문 지식에 대해서 경쟁능력과 차별화될 수 있는 기술을 중심으로 설명하십시오. 예를 들어 인사 부장인 경우 People Management, 훈련 및 개발, 수익관리 등에 관한 경쟁 능력을 언급할 수 있습니다. 정보관리시스템의 관리자인 경우 비즈니스 문제 식별 및 정의, 독창적인 리엔지니어링을 통한 솔루션 개발, 전략적 기술 적용을 통한 수익 극대화 등과 관련한 경쟁능력을 강조할 수 있습니다.

3. 조직/환경 유형

자신이 근무하고 있는 환경 또는 조직을 요약하여 설명합니다. 예를 들어 포춘100대 기업, 대형 보험회사, 소규모 컨설팅회사, 흥행사업, 정부기관, 비영리단체 등. 또는 전문가 협회의 회원, 리더의 역할 수행 등과 같은 다른 유형의 활동에 대해 진술 할 수 도 있습니다.

4. 고유한 장점

특별히 정통하고 프로페셔널하고 시장성이 있는 기술, 지식, 탁월한 문제 해결방안, 자신을 구분하는 기타 성향, 태도, 리더십 스타일에 대한 부분을 강조하여 해당 분야에서 다른 사람들과 차별화 되는 자신의 자질을 명시합니다.

Positioning Statement Sample

저는 마케팅, 판매, 제조, 물류 및 회계 분야의 직무에 대한 기술 적용에 능통한 정보관련시스템 전문가 입니다. 저는 소규모 흥행업체를 비롯하여 포춘 500대 기업에서도 근무한 다양하고 풍부한 경험을 가지고 있습니다. 현재는 0000의 부장으로 재직 중이며 저의 장점으로는 데이터 관리, 전략적 계획, 데이터 웨어하우징, 관계형 데이터베이스 디자인, 개발 및 구현에 능통합니다.

저는 손익, 전략적 계획, 재무관리 등 운영 관련 업무에 대한 포괄적인 지식이 있는 선임 사무직원입니다. 저는 수익 증대, 재원 증가 및 원가 관리에 특히 능통합니다. 제가 근무하고 있는 조직에서는 운영의 효율성을 유지하면서 시장 점유율이 크게 향상 되었습니다. 저의 장점 중 하나는 다기능적 업무 관계를 중시하는 관리팀 구성 능력이 있습니다.

Activity

· Positioning 설명서를 완성해보시오.

· 저는 (업계)이런 직업을 가지고 있습니다.

· 이런 분야에 전문기술, 능력이 있습니다.

· 제의 강점은 이렇습니다.(전문가적 자질/성품 등)

· 저의 성취업적과 차별화된 역량은 이렇습니다.

· 저는 이러한 조직/업종에서 일해 왔습니다.

환경이해하기(Place) – 변화의 주요방향은 무엇인가?

자신이 보유하고 있는 내부자원 파악과 포지셔닝 분석이 미시적인 접근이라면 환경을 이해하는 것은 변화의 방향에 대한 거시적인 접근이라고 할 수 있다. 자신의 주변의 환경이 엄청난 속도로 변화하고 있지만 그 변화가 나와 어떠한 연관성이 있는지 사실 먼 나라 이야기 일 수도 있다. 하지만 우리가 변화에 대해 민감하던 민감하지 않던 간에 세상이 무서운 속도로 변해 가고 있는 것은 확실하다. 우리가 환경변화에 깊이 있는 통찰을 해야만 하는 이유는 이러한 변화의 흐름들이 곧 자신이 근무하고 있는 조직의 방향에 막대한 영향을 주고 있기 때문이다. 환경에 대한 이해는 조직이 어떠한 방향으로 변화하게 되는지 알게 하는 힌트이다. 또한 조직의 변화는 개인에게 직접적인 영향을 주는 변수이기도 하다. 부인하고 싶지만 환경 변화는 점점 더 불확실성의 리스크를 감당해내야 하는 상황으로 가고 있다. 누구나 불확실성과 직면하고 싶어하지 않는 것이 사람들의 심리이다. 이러한 불확실성에 그래도 덜 영향을 받고 있는 직업을 선호하게 되었다. 즉, 공무원이거나 공기업 출신이 신랑감, 신부감 직업 1순위로 올라가게 된 것이 그 사실을 말해주고 있다. 이제는 공기업에 들어가는 일은 낙타가 바늘 구멍에 들어가는 것보다 어려운 일이 되었다. 하지만 공기업도 변화의 소용돌이에 예외인 조직은 아니다. 새로운 정부로 교체가 될 때 마다 공기업의 생산적 관리방안에 대한 대안들을 끊임없인 내놓고 있다. 모두가 안전지대라고 생각하는 보수적이고 안정적인 조직들도 변화의 영향권에서 예외가 아니라면 대기업, 중소기업, 벤처기업들은 변화 자체를 즐기지 않으면 살아남기 어려운 상황이라고 할 수 있다.

이처럼 자신이 일하고 있는 세계에 대해 이해하고 어떠한 부분을 준비해야 할지에 대한 이해가 필요하다. 자신이 누구이고 어떤 능력과 가치를 가지고 있는지에 대한 준비가 되었다면 환경에 대한 이해를 통해 유연한 대응방법을 마련해야 한다. 그러기 위해서는 우선 사회적인 주요 이슈와 트렌드 특히 자신이 일하고 있는 업계에 미칠 영향을 고려해야 한다. 관련 업무에 대한 기술의 영향, 동종업계와 유사업계의 비즈니스 사이클 이해, 해당 분야에서 필요로 하는 전문성의 유효기간, 미래사회의 변화, 정부와 공공부문의 주요 정책 변화 등에 대해서 지속적인 관심을 가질 필요가 있다.

환경 이해하기 위한 tip

- 사회적 주요 이슈와 트렌드
- 관련업무에 대한 기술의 영향
- Job Market의동향
- 비즈니스 사이클
- 해당 분야의 전문성과 유효기간
- 정부 및 공공 부문의 주요정책 변화
- 미래사회의 변화

〈 환경 이해하기 체크리스트 〉

큰 그림	반대		약간		찬성
나는 우리 사회와 기관들에게 영향을 주는 전반적인 요소들을 알고 있다.	1	2	3	4	5
나는 내가 속해있는 산업과 업종에 변화를 일으키는 트렌드를 알고 있다.	1	2	3	4	5
나는 일터를 규정하는 트렌드가 어떻게 나, 그리고 같이 일하는 그룹에게 영향을 주는지 안다.	1	2	3	4	5
나는 정기적으로 내 상황에 대해 대안적인 시각을 찾아본다.	1	2	3	4	5
나는 혼란스런 상황속에 숨겨진 패턴이나 의미를 볼 수 있다.	1	2	3	4	5
무언가 잘못 되었을 때, 나는 뒤로 물러나 내가 문제를 일으키는 역할을 하지는 않았는지 살펴볼 수 있다.	1	2	3	4	5
경쟁관련 지식					
나는 앞으로 5년내에 내 직업에서 필요한 기술을 알고 있다.	1	2	3	4	5
나는 소속 조직에서 어떤 행동과 태도가 보상을 받는 지 안다.	1	2	3	4	5
나는 정기적으로 지식과 기술을 갱신하기 위해 시간을 쓴다.	1	2	3	4	5
나는 소속 조직의 다른 사람들이 내게 기대하는 바를 안다.	1	2	3	4	5
나는 지속적으로 배우는 사람이라고 할 수 있다.	1	2	3	4	5
나는 내가 가지고 있는 현재의 기술이 나의 상사, 동료, 조직에 의해 어떻게 평가받는지 안다.	1	2	3	4	5
경력과 인생 설계					
1. 나는 내 경력 관리에 책임을 진다.	1	2	3	4	5
2. 나는 개인적으로 관리하고 갱신하는, 안정적인 재정계획을 가지고 있다.	1	2	3	4	5
3. 나는 만약을 대비한 대안을 가지고 있다.	1	2	3	4	5
4. 나는 나의 강점과 약점, 성장방향, 장/단기 경력 목표를 포함한 개발계획을 가지고 있다.	1	2	3	4	5
5. 나는 소속 조직 내/외부에서 스스로를 효과적으로 마케팅할 수 있다.	1	2	3	4	5
6. 나는 내 경력이 전체적인 인생계획에 어떻게 부합할 지 안다.	1	2	3	4	5

〈 환경이해하기 체크리스트 해석내용 〉

탄력적인 사람의 성격	왜 이 내용이 관련있거나 중요한가?
큰 그림	
사회를 변화시키는 힘을 이해한다. 산업분야의 트렌드를 이해한다. 트렌드가 자신과 일에 주는 영향을 감지한다 대안적인 시각을 찾는다. 총체적 상황 속에서 개인의 역할을 인식한다.	큰 그림을 이해한다는 말은 당신의 상황에 영향주는 요소들을 안다는 것입니다. 큰 그림 속의 당신의 역할을 이해한다면, 당신이 변화시킬 수 없는 상황을 긍정적으로 받아들이고 대안을 찾게 됩니다. 이러한 그림의 파악은 전체적인 방향성 설정과 계획수립에 도움이 됩니다.
경쟁력 관련 지식	
미래의 성공에 필요한 기술을 파악한다. 조직에서 인정받는 행동들을 안다 기술을 갱신하기 위해 시간을 투자한다. 직장에서 자신에 대한 기대치를 이해한다. 지속적으로 공부를 한다. 상급자와 동료들이 자신의 기술을 어떻게 평가하고 있는 지 안다.	근무계약이 바뀌고 있습니다. 현대의 직장에서는 직원이 제공할 수 있는 문제해결 능력이 고용주 관심의 핵심입니다. 시장이 요구하는 것과 당신이 제공할 수 있는 가치를 파악하는 것이 스트레스가 많은 시기에 자신감과 긍정적 사고를 유지하도록 도와줍니다.
경력과 인생 설계	
경력관리의 책임감을 느낀다 안정적인 재정계획을 가지고 있다 대안을 확보하고 있다 명확한 목표와 개발계획을 유지한다 자신을 마케팅하는 데에 자신감이 있다 인생의 계획중 경력의 의미를 이해한다	지금, 우리 모두는 자신의 경력관리에 책임감을 느껴야 합니다. 자신을 이해하고 자신의 가치관과 열정을 이해해야만 현대 조직에서 살아남을 수 있습니다. 대안과 함께 계획을 가지고 있어야 비로소 변화에 필요한 적응력을 확보할 수 있습니다.

Activity

· 변화하는 환경이 자신의 직무에 어떠한 영향을 미칠 수 있을까? 생각해봅시다.
· 최근의 기업 동향의 특징과 의미
· 이로 인한 자신이 근무하는 조직에 영향을 줄 수 있는 변화
· 최근 정부 정책의 주요 이슈의 특징과 의미
· 이로 인해 자신이 근무하는 조직에 영향을 줄 수 있는 변화
· 내가 속한 조직은 어떻게 효과적으로 대처할 수 있을까?
· 이러한 변화가 자신의 직무에 긍정적인 영향을 줄 수 있는 요소
· 이러한 변화가 자신의 직무에 부정적인 영향을 줄 수 있는 요소
· 긍정적, 부정적 변화에 나는 어떻게 효과적으로 대처할 수 있을까?

목표설정과 학습계획하기 (Plan) – 어떻게 준비하고 실천할 것인가?

조직들은 점차 축소되고 있으며 단순화되고, 민첩해지고, 조직화되고 있는 것이 보편적인 현상이 되었다. 이러한 환경의 변화에서 점점 더 자신의 전문성이 조직에서의 경쟁력을 유지시킬 수 있는 역량임을 이해해야 한다. 경영자와 임원진은 항상 분주하다. 만약 당신이 주도적인 개발목표를 가지고 있고 조직의 성과에 기여한다면 그가 바로 A-Player라고 할 수 있다. 지금까지 자기분석, 능력분석, 가치분석,

환경분석에 대한 방법을 이해했다면 어떻게 자신의 일상 속에서 실행에 옮길 수 있을 것인가가 A-player 되기 위한 핵심사항일 것이다. 아는 것과 실행에 옮겨지는 것은 매우 다른 문제라는 것은 누구나 안다. 실행에 집중하기 위한 다음의 단기목표와 장기목표 수립의 키워드를 살펴보자

단기적인 목표 수립의 키워드

- 현재 내가 속한 조직에 내가 기여할 수 있는 것은 무엇인가?
- 어떤 프로젝트가 나에게 더 많은 책임을 요구하고 있는가?
- 내 직업에서 가장 최선의 대안은 무엇인가?

장기적인 목표 수립의 키워드

- 다음 10년 동안 나는 어떻게 살기를 원하는가?
- 어떤 환경이 가장 도전을 주며 필요한 것은 무엇인가?
- 어떻게 하면 나의 역량을 재조정할 수 있을까?
- 어떻게 하면 내가 목표에 도달할 수 있을까?

5P을 기반으로 한 자기목표 수립

- 단기적목표
- 장기적목표
- 개선, 보완 해야할 영역

효과적인 목표 실행을 위한 SMARTER 법칙

- Specific 명확한
- Measurable 측정할 수 있는
- Achievable 성취 가능한
- Realistic 현실적인
- Time-Limited 정해진 시간 내
- Evaluate 평가
- Review 지속적인 검토

실행은 5P의 요소 중 가장 중요한 단계이다. 다음과 같은 질문을 통해 실행을 시작해보자. 6개월 후 당신은 자신을 어떻게 평가할 수 있을까? 스트레스가 많은 시기를 통해 얻을 수 있는 이익은 무엇일까? 이 변화를 통해 어떤 결과를 기대하고 있나? 미래를 준비하면서 자신의 유능감을 회복하기 위해 어떤 어려움을 이겨낼 수 있을까?

Activity

당신의 상황에서 직접적인 효과를 낳을 수 있는 단기 목표를 세우자. 예를 들어 수업을 듣거나, 친구를 만나거나 책을 읽을 수도 있다.
단기 목표 (다음 주 안에 할 수 있는 일)
첫 단계

당신을 보다 탄력적으로 만들 장기목표를 세워보자. 5P의 자기점검 체크리스트를 보면서 보완점을 확인하고 제안된 방안들을 이용해 목표를 세워보자. 예를 들어, 직장에서 보다 적극적인 사람이 되는 일, 운동을 시작하는 일, 개인적/전문적 개발계획 세우는 일등이 있을 수 있다.	
장기 목표 (2-3개월 안에 할 일)	목표 종료일
실천 단계 (구체적일수록 목표달성이 쉬움)	활용가능한 자원
	도와줄 사람들
첫 단계	첫 단계 날짜

만약 당신이 주도적인 개발목표를 가지고 있고 조직의 성과에 기여한다면
그가 바로 A-Player라고 할 수 있다.

CHAPTER 08

C-Player 없는 조직 만들기 (3S)

제2의 인생을 준비할 수 있는 프로그램이 함께 진행될 수 있도록 설계되어야 한다

08 C-Player 없는 조직 만들기 (3S)

> 국내기업의 정서와 문화를 고려해볼 때, 경력개발지원시스템이라는 큰 틀 안에서 저성과자 자신이 부족한 역량을 개발할 수 있도록 해야만 한다. 단지 저성과자만을 대상으로 하는 것이 아니라 전직원에 대해 제공되는 프로그램으로 자신의 시장가치 확보를 위한 상시적인 경력개발, 정년 후 제2의 인생을 준비할 수 있는 생애경력개발, 저성과자에 대한 상시적인 역량개발 등 3개의 프로그램이 함께 진행 될 수 있도록 설계되어야 한다.

중장기적인 경력개발지원시스템 구축하기(System)

국내기업의 정서와 문화를 고려해볼 때, 저성과 관리에 대한 구성원들의 적극적인 수용을 이끌어내기 위해서는 외국사례와 같은 접근방식을 사용해서는 효과적인 결과를 이끌어 낼 수 없을 것이다. 즉 한번의 평가결과만을 가지고 단정적으로 일정 비율을 저성과자로 단정 짓고 퇴출시키는 퇴출접근법보다는 여러 번의 객관적인 평가가 전제된 상황

〈그림8-1〉 중장기적인 경력개발지원시스템 설계

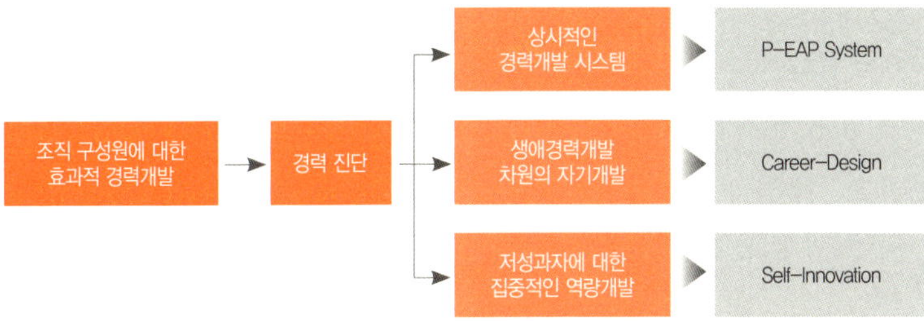

· P-EAP (Performance-Oriented Employee Assistance Program, 성과 중심의 직원지원 프로그램)
개인의 성과향상과 조직의 생산성 증가에 목적을 둔 직원지원 프로그램
· Career-Design-New Life (Life Career Development Program, 생애경력개발 프로그램)
· Self-Innovation (C Player Management Program, 저성과자 역량향상 프로그램)

에서 객관적인 평가가 전제된 상황에서 누구나 수긍할 수 있는 객관적인 절차를 통해 저성과자로 분류된 사람들 스스로가 패자 부활전의 기회를 제공하는 것이 현실적으로 더욱 현명한 방법일 수 있다. 그러기 위해서는 적어도 경력개발지원시스템이라는 큰 틀 안에서 체계적인 육성방법을 활용해 그들 자신이 부족한 역량을 육성할 수 있도록 해야만 한다. 단지 저성과자만을 대상으로 하는 것이 아니라 전직원에 대해 제공되는 프로그램으로 자신의 시장가치 확보를 위한 상시적인 경력개발시스템의 track, 정년 후 삶에 대한 제2의 인생을 준비할 수 있는 생애경력개발 track, 저성과자에 대한 상시적인 역량개발 track등 3개의 프로그램을 경력개발센터 내에서 진행될 수 있도록 설계 되어야 한다.〈그림 1 참조〉

기존의 경력개발제도(CDP)는 협의적 관점에서 보직경로를 설정하고 관리해주는 조직차원에서의 경력경로설계 방법이라면 현재는 시장가치에 근거한 개인차원의 CDP로 개념이 바뀌어가면서 경력상담, 경력진단을 기반으로 하는 다양한 맞춤형 지원 프로그램을 포함하고 있다. 경력 상담이란 조직구성원에게 가치관, 성향, 경력진단 등의 자원을 제공하여 개인의 지속적 성장, 적극적 변화관리, 생애설계를 지원하는 1:1 상담과정(Career Coaching & Career Consulting)이라고 정의할 수 있다. 경력관리가 성공하려면 조직구성원들의 경력계획과 경력개발에 대한 조직의 정기적 평가 및 피드백이 중요하며, 경력상담은 경력계획과 피드백을 이어주는 윤활유 구실을 한다. 먼저 자기를 진단하는 기회를 제공하고 현재본인의 상황을 가치관 및 성향까지 파악하고 조직이 요구하는 수준과의 차이점GAP을 분석하는 것이 모든 절차에 있어 선행되어야 하며 이러한 자기진단의 과정에서 확인된 결과를 바탕으로 본격적인 경력상담을 실시하여야 한다는 것이다. 그 동안의 업무경력을 분석하고 성취한 업적은 무엇이었는지, 그리고 지금까지 경험을 비추어 직업의 흥미도 분석 등을 통해 역량개발이 필요한 부분을 도출해야 한다. 그리고 역량개발의 동기부여를 위하여 경력목표가 설정되어야 한다. 맞춤형 사전예방적 처방은 경력 상담을 통하지 않고는 시작이 쉽지 않다. 이러한 일련의 과정이 중장기적으로는 인적자원관리의 선순환의 역할을 해낼 수 있으며 그 동안 도외시 되었던 인력관리 출구전략의 대안으로 자리잡을 수 있을 것이다.

성과면담 피드백 반영하기 (Status)

앞 장에서 거듭 언급한 바와 같이 저성과자 선발과 효과적인 운영이 되기 위해서는 공정하고 합리적인 성과평가 시스템이 구축이 선행되어야 한다. 조직과 개인이 신뢰할 수 있는 성과평가 시스템은 저성과자 관리뿐만 아니라 A-Player, B-Player 에게도 일에 대한 동기와 보상을 받을 수 있는 기본 틀이다. 하지만 아무리 과학적이고 분석적인 IT 기반의 첨단 시스템으로 설계되었다고 하더라도 이것은 기능적인 역할을 할 뿐이다. 사람들이 생각하는 공정하고 합리적인 평가란 상사와의 eye · contact을 통한 충분한 커뮤니케이션이며, 숫자가 말해주는 등급이 아니라 상호작용을 통한 구체적인 피드백이 이루어질 때 가능하다. 또한 평소에도 자연스러운 대화나 업무에 대한 피드백을 통해 직원들의 업무를 지원해 주고 부족한 역량개발을 도울 수 있다. 이러한 과정이 이루어져야 비로소 성과평가에 대한 공정성을 확보하게 되고 평가결과에 대한 수용성도 높아지게 된다. 필요하다면 즉시, 수시로, 정기적으로 피드백이 이루어진다면 바람직하겠지만 사실 현장에서 이처럼 이루어지기 어려운 것이 대부분이다. 하지만 1:1의 성과면담의 자리가 마련된다면 리더들은 가능한 형식적인 면담이 아닌 인정 혹은 보완되어야 할 역량에 대해 가감 없는 피드백이 이루어져야 한다. 이렇게 되기 위해서 리더들은 질적으로도 보다 수준 높은 성과면담이 되도록 스킬을 꾸준히 학습해야 한다. 공정한 성과평가라는 측면만이 아닌 사람을 키워내는 리더의 역량을 훈련할 수 있는 좋은 기회이다. 또 리더들의 이러한 노력들은 공정하고 합리적인 성과평가시스템을 만들어가는 구심점이 될 수 있다.

물론 이미 많은 회사들이 '효과적인 성과면담 매뉴얼'을 만들어 리더들에게 배포하고 중요성을 강조하고 있으며 스킬 훈련도 시키고 있다. 그러나 실제 업무 현장에서 성과면담과정이 30% 이상이라도 실행되고 있는 회사는 많지 않다는 것이 문제이다. 이러한 상황이 지속될 경우 평가의 공정성에 대한 이의 제기는 반복 될 수밖에 없다. 서울시의 경우 현장시정지원단 도입 첫 해 선발기준의 공정성에 거센 항의가 빗발쳤다. 쉽지 않은 과정을 경험하면서 성과면담의 중요성을 이해하게 되었고 해마다 근무평정 점수 외에 정기적인 성과면담자료를 축적해갔다. 축적된 근거자료는 선발 대상자에게도 선발 사유에 대해 수용할 수 있도록 하는 역할도 했지만 부족한 역량에 대한 보완점이 무엇인지 구체적으로 이해할 수 있는 유용한 도구로 활용이 되었다. 축적된 성과면담의 자료는 조직의 입장에서도 특히, 저성과자 제도를 도입하는데 가장 우려되는 선발 기준의 공정성을 설득할 수 있는 자료로 활용이 될 수 있다. 저성과자 교육 시 자기계발의 필요성을 인정하지 않는 대상자들은 사후 평가 시 변화의 개선 정도가 낮다. 이는 조직에서 낮은 평가를 받고 있는 부분이 무엇인지 피드백 받은 경험이 없는 경우 선발 그 자체에 초점이 맞춰져 부당함에 대한 감정적 대응 수준에서 머무르게 되고 변화의 필요성에 공감하지 못하게 된다. 자신에 대한 객관적 피드백을 경험해 보지 못한 대상자는 교육의 몰입도도 현저하게 떨어질 뿐 아니라 업무 복귀 후에도 여전히 부정적인 태도를 보이게 된다. 이처럼 성과면담 피드백은 효과적인 저성과자 관리의 시작과 끝이라고 할 수 있다.

〈그림 8-2〉 저성과자 관리 운영 로드맵

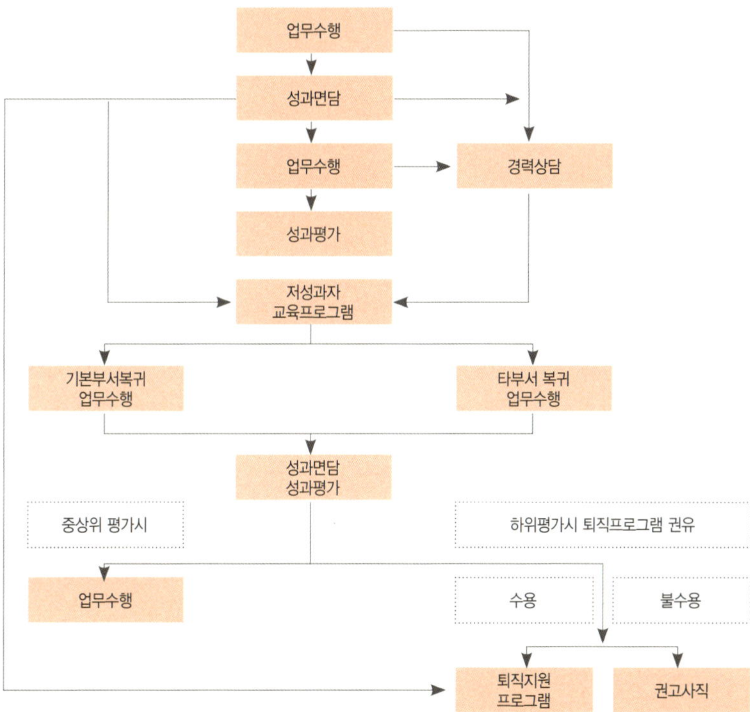

단계별 추진 전략 세우기 (Strategy)

지금까지 제시한 설계방향을 도입하기 위한 단계적 추진전략을 정리해보면 다음과 같다. 우선, 경력개발지원제도의 내용과 취지를 제도시행 최소 6개월 전에 예고하여 기관의 제도운영 준비와 함께 구성원 모두에게 사전에 준비할 수 있는 시간을 부여해야 한다. 즉 자신의 근무태도와 성과, 역량, 경력경로, 퇴직 후의 진로 등에 대한 인생설계를 할 수 있는 시간과 기회가 사전에 주어져야 한다. 이러한 상호간 준비시간이 부여되어야 이후에 실시될 성과면담에서 면담대상자와 부서장 간에 풍부한 대화가 이루어 질 수 있기 때문이다. 이와 함께 성과면담제도를 정기적으로 시행하되 면담자(부서장)의 면담스킬 교육을 사전에 반드시 실시하여 원활한 진행이 이루어질 수 있도록 제도적으로 지원해야 한다.

아울러 전문적 상담이 필요한 구성원에 대하여 경력상담 프로그램을 제공하여 전문가를 통해 원인에 대한 명확한 자기인식이 가능하도록 기회를 부여한다. 이러한 절차와 함께 성과면담 및 경력상담 절차 중에 의사를 표명한 희망자나 성과평가 결과 선발된 대상자들을 구성하여, 저성과자 교육을 실시한다. 아울러 퇴직지원 프로그램을 동시에 가동하여 성과면담 절차 속에서 퇴직 준비 의사를 표명한 구성원에게 지원서비스를 제공한다. 경력개발지원시스템의 궁극적 목적은 조직의 경쟁력 강화와 개인의 경쟁우위 확보를 동시에 만족하는 윈-윈Win-Win

〈그림 3〉 저성과자 관리제도 도입을 위한 단계별 추진 전략

단계	주요 내용	세부내용	시기
1	중장기적인 경력개발지원제도 시스템 설계	· 저성과자 관리 방안 설계 · 저성과자 교육 선발기준 사전예고 · 전직원 대상 제도 홍보	최소 도입 6개월 전
2	성과면담제도 구축	· 성과면담제도 운영 계획 수립 · 전직원 대상 홍보 · 평가자 성과 면담스킬 교육 · 정기적 면담실시	면담자 교육 정기적 시행
3	경력상담제도 운영	· 경력상담제도 운영계획 수립 (스트레스 상담 포함) · 내부전문가 또는 외부전문기관 활용 · 경력상담제도 실시	상시 운영
4	저성과자 교육과정 설계 및 운영	· 전체 연간 교육훈련계획에 포함 · 교육과정 운영계획 수립 · 역량모델링 및 교육과정설계 · 대상자선발 및 교육과정 운영	최소 1개월~ 최대12개월
5	퇴직지원 프로그램	· 퇴직지원 프로그램 운영계획 수립 · 전직원 대상 홍보 · 저성과자 교육 프로그램 사후 조치	3개월

에 있다. 저성과자에 대한 묵인과 방치는, 결과적으로 조직의 응집력을 약화 시킨 요인으로 작용했으며 다수 구성원의 불만을 야기했다는 것을 부인할 수 없다. 지금까지의 논의를 정리해보면 결국 저성과자 관리의 해법은 일시적 방편의 문제 해소 차원이 아닌 개인의 장기적인 경력개발 관점에서 접근 되어야 한다는 것이다. 〈그림 3〉

인재선발에 투자

CHAPTER **09**

A-Player도 C-Player가 될 수 있다

정만큼 슬럼프에 직면한 인재들의 회복에도 관심을 가져야 한다

09 A-Player도 C-Player가 될 수 있다

> 실무 담당자였을 때는 나무랄 데 없이 업무를 잘 처리하고 유능한 인재였으나, 점차 중간관리자로 승진하면서 성과가 기대수준에 미치지 못하면서 시작된 리더십의 문제, 대인관리의 문제로 인해 관리자로서의 역할을 해낼 수 없는 경우가 있을 수 있다. 이런 위기상황을 어떻게 대처하느냐에 따라 지속 가능한 A-Player 가 될 수도 있고 C-Player가 될 수도 있다. 조직은 구성원들이 지속 가능한 A-Player 될 수 있도록 효과적인 지원방안을 마련해야 한다. 인재를 선발하기 위해서 투자했던 열정만큼 슬럼프에 직면한 중간관리자들의 회복에도 관심을 가져야 한다.

인재전쟁의 주인공, 신입사원

기업을 움직이는 가장 중요한 자원은 인재라는 것은 누구나 다 안다. 대기업은 물론 중소기업, 정부기관, 공기업에 이르기까지 유능한 인재를 뽑기 위한 전쟁이 해마다 벌어지고 있다. 결국 좋은 인재(Right People)를 선발하는 것이 회사의 성장을 가능하게 하는 키워드란 것을 경험하고 있기 때문이다. 취업 준비생들 또한 좋은 회사에 입사하기 위해 스펙 쌓기에 고군분투한다. 취업은 이제 낙타가 바늘구멍에 들어가기는 것처럼 어려운 과정이 되었다. 치열한 경쟁을 뚫고 당당한 신입사원으로 입성하게 된다면, 그들은 소위 말하는 인재전쟁에서 승리한 것이다. 그리고 비로소 회사의 일원이 되었다는 자부심을 가진 채 조직 내 인재들과 선의의 경쟁이 시작된다. 회사 또한 많은 비용과 시간을 투자해가며 선발한 인재에 대한 신뢰와 기대감이 크다. 신입사원들이 내뿜는 열정은 대단히 신선하다.

신입사원 1년 차, 하루하루를 긴장과 설레임으로 맞이한다. 때로는 힘겨운 상황을 겪기도 하고 때로는 상사로부터 업무능력을 인정 받아 뿌듯함을 경험하기도 한다. 또 소소한 일상에서 끈끈한 동료애를 맛보기 하고, 소속감을 경험하면서 안정감을 느끼게 된다. 대부분 입사 1년 정도가 지나면 어느 정도 환경과 사람에 적응해간다. 그렇게 2~3년의 시간이 지나면 직장생활이 익숙해지고 갓 입사한 후배 사원들에게 도움이 될 만한 조언도 제법 할 수 있게 된다. 상사가 지시하기 전에 업무도 미리 척척 알아서 할 정도의 능력이 된다. 가끔 조직에서 일어나는 갈등에도 익숙해지기 시작할 무렵 한편, 내가 선택한 이 길이 과연 맞는 길인가 하는 회의감과 불안감이 밀려오기 시작한다.

“매일 같은 시간에 일어나 출근해서 정신 없이 주어진 업무를 하다 보면 하루가 다 지나가고 지친 몸으로 들어오면 저녁 10시. 취업고시라고 할 정도로 취업이 어렵다는 이 시대에 직장 있으면 큰 복인데 무슨 배부른 소리냐고 할 지 모르지만, 이게 아닌데 하는 생각이 하루에도 몇 번씩 듭니다. 이렇게 쫓기듯이 살려고 치열하게 공부하고 입사 준비했던 게 아닌데 말이죠. 부장님 말 한마디에 일희일비하는 과장님을 보면 안쓰럽기도 하고 화가 나기도 하고 나도 이제 저렇게 살아야 하는 건가 싶어서 마음이 답답합니다."

상사들의 모습을 볼 때마다 10년 후 자신의 모습도 비슷하리라는 생각이 든다. 직장에서는 업무능력보다는 능숙한 처세술이 더 중요한 것처럼 보이기도 한다. 취업시험에서는 성적으로 자신의 실력을 인정받을 수 있었다. 하지만 직장은 실력과 단순한 처세 외에 더 중요한 무엇인가를 필요로 한다는 생각이 머리 속에 맴돈다. 정말 회사에서 필요로 하는 인재는 어떤 사람일까? 나그네를 침대에 눕혀놓고 침대의 길이보다 길면 다리를 자르고 짧으면 다리를 잡아 늘렸다는 그리스신화의 '프로크루스테스의 침대' 처럼 회사가 원하는 규격으로 맞추어야 하는 것일까. 어떻게든 회사가 요구하는 인재가 되기 위해 안간힘을 써보기로 한다.

한편으로는 정말 자신이 직장생활에서 성취하고 싶었던 목표는 무엇이었을까? 진지하게 고민하게 된다. 생각이 깊어질수록 혼란스럽다. 답답한 마음에 가까운 동료나 지인과 이야기를 나누어 보지만 대부분 비슷한 경험을 하고 있다고 한다. 그런 것이 직장생활이라며 자조 섞인 충고를 해주기도 한다. 직장인의 현실에서 '나의 파랑새' 를 찾기는 쉽지 않아 보인다. 취업전쟁에서 성공하였지만 안개 속에서 다시 헤매고 있는 느낌이다. 현실과 적당히 타협을 하는 방법과 또 다른 도전을 시도해 보는 방법 중 어떤 길을 갈야할지 선택의 기로에 서게 된다.

방황하는 중간관리자

중간관리자가 되어 조직을 관리하는 것은 매우 어려운 일이다. 왜냐하면 누구도 처음부터 준비된 중간관리자는 없기 때문이다. 중간관리자가 되었을 때 대부분이 리더로서 사전준비가 되어 있지 않은 상태이다. 어떻게 조직을 관리해야 하는지, 중간관리자의 진정한 역할이 무엇인지, 어디서부터 시작해야 하는지 등 시행착오를 경험할 수밖에 없다. 그러나 아무리 최선을 다해서 상사의 역할을 해낸다고 하더라도 부하직원들로부터 불만의 소리를 듣게 된다. 또 조직과 상사로부터는 끊임없이 성과와 사람 관리에 대한 책임을 요구 받는다. 그러한 날들이 하루하루 반복되면서 몸과 마음이 서서히 지쳐간다. 그러면서 중간관리자들은 스스로를 '낀세대' 라고 생각하게 된다. 상사로부터는 상명하복의 전통적인 상하관계의 역할을 주문받지만, 자유분방하고 개성이 강한 부하직원들에게는 상하관계를 요구했다가는 고리타분한 상사로 취급받는다. 이쪽 저쪽 어디에도 속하기 애매한 중간관리자들은 외로울 수밖에 없게 된다. 듀크대학의 Duke Corporation Education에서 조직의 중관관리자란 매우 중요한 역할을 담당하는 위치이며 개인적인 노력이 많이 요구 되는 자리라고 보고 중간관리자 리더십에 대해 다음과 같이 정리하고 있다.

"전략을 해석하고 영향력을 미치고 협동을 촉진하며 팀 구성원을 이끌어 나가서 부하직원을 코칭하며 그들에게 동기 부여를 하고 혁신 작업을 지원하며 시스템과 과정을 진행하는 작업을 동시에 하여야 하는 중간관리자"(〈중간관리자의 성과코칭스킬〉 중)

그야말로 가히 슈퍼맨의 능력을 요구하고 있다. 이러한 역할을 해낸다 하더라도 결국 조직내 직급체계(Hierarchy)의 경쟁에서 살아남아야 한다. 물론 최근 들어 업무중심의 수평적인 조직으로 변화되고 있기는 하나 여전히 조직은 피라미드 형태로 존재하고 있다. 결국 중간관리자로서 인정을 받는다는 것은 피라미드의 사다리에서 내려오지 않는다는 것을 의미할지도 모른다.

그렇다면 성공하는 직장인의 삶이란 무엇일까? 대부분의 직장인들은 소위 성공한 사람이란 피라미드의 정점 근처에 도달한 사람이라고 생각하고 있다. 이를 성취하기 위해 중간관리자의 리더십에서 정리하고 있는 슈퍼맨의 능력은 기본이고, 이외에 피라미드의 사다리에 머무는데 필요한 조직 내 대인관계에 더욱 신경을 쓸 수밖에 없다. 네트워킹 파워가 미치는 영향력을 익히 알고 있기 때문이다. 몸에 무리가 가더라도 꼬박꼬박 회식이나 술자리는 참석하는 동료가 있기도 하고, 원만한 성격을 트레이드 마크로 활용하여 사내 인맥 형성에 발 빠르게 대처하는 사람이 있기도 하다. 반면에 워낙 능력이 출중하고 두뇌가 명석한 동료는 이미 주요부서의 책임자들이 눈 도장을 찍어 틈만 나면 스카우트 대상 1순위이다. 능력이나 대인관계 면에서도 자신이 없는 중간관리자들은 나름대로 방법을 찾아보지만 그들의 속도를 따라가기에 역부족이라는 낭패감을 맛보게 된다. 신입사원시절의 뜨거운 열정도 사라진 지 오래고 중간관리자로 승진하면서 벅찼던 감정도 희미해져 감을 느낀다. 이즈음 직장생활에 대한 심각한 매너리즘에 빠지기도 한다. 가끔은 잘 나가는 동기들을 보면 소외감을 경험하기도 하고 위기감도 느낀다.

입사 당시만해도 어깨를 나란히 하고 들어온 동기는 직장생활을 어떻게 했길래 계속 승승장구 할까? 겉으로는 태연한 척하면서도 마음이 자꾸만 위축되어 간다. 조직에서 살아남기 위해 후배들과 경쟁해야 하는 상황도 생길 수밖에 없다. 외부에서 영입해온 중간관리자들과도 경쟁해야 하는 상황도 견디기 쉽지 않다. 어떻게 다시 시작해야 할지 한없는 방황이 시작된다. 중간관리자로서 리더십 개발을 위해 아침, 저녁으로 허덕거리며 앞을 향해 달려가지만 늘 초조하고 불안하다. 무엇을 어떻게 잘 해야 하는 것일까? 중간관리자로 승진하기 전에는 인사고과 시즌과 인사발령 시기가 기다려졌는데 점차 마음 한 켠이 무거워지기 시작하는 것도 달라진 현실이다.

더 이상 인재가 아니다(?)

" 너무 화가 나고 분해서 잠을 이룰 수가 없어요."

" 젊음을 다 바쳐서 일해 왔는데 배신감이 너무 큽니다."

" 모든 것은 다 제 잘못이죠. 미래를 준비하지 않은 잘못!"

" 실력보다는 줄서기가 중요하다는 선배들 말 하나 틀린 것 없군요."

" 도대체 무엇이 잘못된 거죠? 열심히 일한 죄 밖에 없는데."

" 인사평가시스템을 못 믿겠어요. 결국 자기사람 챙기기 아닌가요?"

" 상사의 리더십이 문제인데 제가 불이익을 받다니…. 이해가 안되네요."

승진에서 누락되거나 한직으로 물러나게 되었을 때 종종 듣게 되는 이야기들이다. 직장인이라면 누구나 한번쯤 이런 경험을 겪어 봤을 것이다. 이와 같은 경우 당신은 어떻게 이 상황을 극복하겠는가? 혹은 주변 동료가 당신에게 이런 질문과 하소연을 한다면 당신은 어떤 조언을 해주겠는가? 대개 가장 먼저 편한 친구나 동료들에게 속내를 털어 놓거나 삼삼오오 모인 술자리에서 답답한 심정을 토로할 것이다. 그렇지만 분명 혼자서 정리할 시간이 필요하다. 도대체 어디서부터 문제가 시작된 것이지 반추해보고 되짚어보고 곱씹어보게 된다. 중간관리자급 이상의 직책이라면 사내 정치 또는 코드가 맞지 않는 상사, 다면평가, 대인관계 등 그 동안 직장생활을 하면서 간과했던 사소한 일까지 떠올리며 밤잠을 못 이룰 수도 있다.

상사 또는 인사담당자가 분명한 사유를 알려주면 좋을 테지만, 대부분이 격려나 위로의 말만 몇 마디 남기고 불편한 자리를 서둘러 떠난다. 자신에게 보완되어야 할 리더역량, 직무역량, 조직이 기대하고 있는 역할에 대해 구체적으로 알려준다면 새로운 출발에 방향을 잡을 수 있을 텐데 누구도 이 불편한 진실들을 솔직하게 전하려 하지 않는다. 물론 이러한 진솔한 피드백을 듣게 된다면 과히 유쾌하지는 않겠지만 당장의 감정보다는 생산적인 조언이 필요한 것이다. 하지만 그 사실을 말해주는 사람은 아무도 없다. 사전 예고 없는 갑작스러운 인사조치는 완충지대가 전혀 없는 곳에 떨어지는 충격의 강도를 고스란히 떠안아야 하는 고통이 따르게 된다. 대부분의 회사가 다 그렇다고는 할 수 없지만 국내기업의 조직문화 특성상 경고라는 단계를 만든다는 것은 쉽지 않은 것이 사실이다. 바로 이 불편한 진실을 누구도 이야기해주지 않았다. 결국 준비 없는 통보의 충격을 감당하기 쉽지 않게 한다. 중간관리자 이상의 직책을 맡고 있는 사람들에게 이러한 충격은 위기일 수밖에 없다.

한편으로는 젊음을 바쳐 일해 온 직장이지만 핵심에서 주변인으로 밀려나고 있다는 서글픈 생각이 들 수 있다. 인재라는 자부심으로 살아왔는데 더 이상 조직이 나를 인재라고 평가하지 않는다는 수치심도 밀려온다. 어차피 평생직장의 개념이 사라진지 오래이니 더 이상 회사가 나를 필요로 하지 않는 때가 온다면 정말 깔끔하고 멋지게 그만두리라 마음을 먹는다. 하지만 현실은 그렇게 수월치 않은 것이 사실이다. 한 회사에 적게는 10년부터 20년 이상 근무하던 사람이 안전지대를 벗어나 익숙한 것들과 결별한다는 것이 얼마나 어려운 선택인지 누구나 공감할 것이다. 고용환경시장 측면에서도 중간관리자 이상의 직책은 이미 수요에 비해 공급 과잉의 상태라고 할 수 있다.

빛을 잃어가는 인재들

실무 담당자였을 때는 나무랄 데 없이 업무를 잘 처리하고 팀 작업에서도 호의적인 태도 등이 인재로 평가받는데 손색이 없었으나, 점차 중간관리자로 승진하면서 성과가 기대수준에 미치지 못하면서 시작된 리더십의 문제, 대인관리의 문제로 인해 관리자로서의 역할을 해낼 수 없는 경우가 있을 수 있다. 또 어떤 경우 채용 시 가장 주목 받고 기대되었던 인재가 불과 몇 년 만에 인재라는 타이틀이 무색할 만큼 자신의 역량을 발휘하는데 한계를 보이기도 한다. 또 중간관리자까지는 자타가 공인하는 핵심인재로서 좋은 평가를 받았지만 임원으로서의 역할을 제대로 수행하지 못하는 경우도 있다. 이 때부터 조직 또한 깊은 고민에 빠진다. 능력이 떨어지더라도 입사 기수나 예우차원에서 승진의 기회를 준다는 것이 통용될 수 없는 현실이 되었기 때문이다.

특히 안정적이고 보수적인 피라미드 형태의 조직구조를 가지고 있는 회사의 경우 속앓이가 더 심할 수 있다. 상위 직급으로 올라갈수록 자리는 점점 줄어들 수밖에 없고 이러한 경쟁에서 탈락된 사람들이 해마다 적체되고 있기 때문이다. 반면, 팀제를 도입한 상당수 회사들 또한 만만치 않은 속앓이를 하고 있다. 성과지향적인 팀제는 더욱 능력뿐만 아니라 다양한 요소 즉, 성격, 태도, 리더십, 대인관계 등을 고려한 인재를 발탁해야 하므로 충분한 준비와 자질이 갖추어지지 않은 관리자에게 더 이상의 기회를 부여하기란 곤란한 일이다. 한동안은 어느 정도 연공서열, 온정주의에 대해 존중과 배려가 회사 전반의 정책에 녹아 있었다.

하지만 세상이 바뀌고 사람들의 생각도 달라졌다. 관용과 미덕으로 인력을 관리한다는 것이 당장에는 직원들에게 우호적인 문화로 받아들여질 수는 있으나 오히려 장기적으로는 인력 운영의 부작용을 가지고 오게 할 수 있다. 이제 대부분의 조직에서도 서열이 높다고는 하나 능력이 못 미치는 관리자에게 회사의 주요 업무를 맡길 수가 없는 것이 현실이 되었다. 이것은 회사의 각 기능과 부서가 모두 성과를 얼마나 내고 있는가, 성과를 낼 수 있는 가능성이 있는가에 집중되어 있기 때문이다.

인재들이 그들의 역량을 제대로 발현하고 있지 못하다면 그 원인이 단지 당사자 개인에게만 있다고는 할 수 없다. 우수한 인재를 뽑았다고 하더라도 유지를 위한 지속적인 관리를 해야 한다. 시장환경이 변함에 따라 조직에서 요구하는 인재의 역할이 변하기 때문이기도 하고 인재

스스로도 연령과 직급, 개인적인 환경에 따라 역량의 발현이 어려울 수 있기 때문이다. 인재에 대한 예방과 조치가 뒤따르지 않는다면 애써 발굴한 인재도 자신의 역량을 발휘하지 못하게 되고, 회사도 결국 그 부담을 고스란히 떠안을 수밖에 없게 된다. 그러나 조직이 고민하는 것은 인재관리의 문제가 개인 당사자와 회사의 1 : 1 관계에서 해결 할 수 있는 데서 그치는 것이 아니라는 점이다. 과거에는 상위 직급으로 승진되지 않을 경우 후배직원을 위한 배려 차원으로 나가거나 다른 사람들의 시선을 의식해 퇴직을 선택하는 것이 자연스러운 과정이었다.

그러나 최근 들어 팀장에서 팀원으로 보직이 강등되거나, 한직으로 인사발령이 되었다고 하더라도 계속 근무하려는 경향이 있다. 자존심의 문제보다 현실적인 대안을 선택하는 것이다. 아마 동일한 전철을 밟은 선배나 동료들이 새롭게 시작한 일들이 성공보다는 실패로 이어지는 모습들을 보았을 것이고, 또 그 동안 금전적인 문제 이외에 간과하고 있었던 소속감에서 얻는 안정감, 그에 따라 가족들이 갖는 자부심, 회사가 보증해주는 사회적인 신뢰 등에 대한 필요가 크다는 것을 이해하게 된 부분도 있다. 그러므로 나를 보호해 주는 안전지대를 벗어나서 무엇인가 새로운 도전을 하려는 시도 자체를 하지 않는다.

새로운 가능성을 찾아서

조직이 요구하는 역량과 가치에 부합하지 못한다고 해서 그들을 방치해서는 안 된다. 그들이 더 이상 방황하지 않도록 지원을 해야 한다. 지금처럼 인재들이 자신의 역량을 제대로 발휘하지 못하는 이유에 대해서 무관심 하거나 덮어두려 하지 말아야 한다. 인재를 선발하기 위해서 투자했던 시간과 열정만큼 지쳐가는 인재들의 회복에도 관심을 가져야 한다.

요즘 경영학뿐만 아니라 다양한 분야에서 '탄력성' 이라는 용어를 사용한다. 탄력성(Resilience)이란 원래 물리학에서 사용하던 용어로 '어떤 물질이 외부의 자극을 받아 변형되었을 때 원래 형태로 돌아가려고 하는 물질 본연의 특성' 을 의미한다. 경영학에서의 탄력성(Resilience)는 역경을 딛고 복원하는 과정에서 더욱 강하고 새로운 역량을 지닌 존재로 재탄생 하는 것을 말하기도 하고, 심리학에서는 '역경을 이겨내는 긍정적인 힘' 을 탄력성(Resilience)라 하여 회복력탄성지수라는 것을 개발하여 활용하고 있다. 자기계발영역에서탄력성(Resilience)는 모호함과 불확실한 변화 속에서 유연하고 강하게 살아남는 능력이라고 말한다.

앞에서 언급했던 인재들 또한 개인마다의 정도의 차이는 있겠지만 직장인이라면 대부분 정체감, 좌절과 실패를 경험하면서 저마다의 회복 방법을 찾으려고 노력할 것이다. 오히려 핵심인재이기 때문에 위기의 상황에서 겪어야 할 감정의 롤로코스터는 더 깊은 오르내림의 낙폭이 컸을 것이고 상실감의 깊이도 더 깊었을 것이다. 또 때로는 사실보다 더 왜곡된 자신감 위축이 심할 수 있다. 그러나 복원력에 대해 높은 탄력성을 가지고 있는 사람들은 불확실성과 위기 상황에 보다 유연하게 대처하며 이를 성장과 성숙의 계기로 수용할 수 있는 능력이 뛰어나다. 스스로 자신의 복원력에 대한 강한 믿음을 가지고 있는 사람이 있는 반면에 평소 우수한 두뇌와 적응력을 가지고 있더라도 좌절의 경험에서 복원력이 제 기능을 해내지 못하여 새로운 기회를 만들어내지 못하는 경우가 많다. 직장생활에서는 늘 나에게 적합한 최적의 조건이 주어지지는 않는다.

이러한 위기의 순간에 당신은 어떤 선택을 할 것인가? 어떤 선택을 하느냐는 개인이 가지고 있는 복원력의 탄성 정도라고 할 수 있다. 복원력이 강한 사람들은 상황을 긍정적이고 장기적으로 보는 사람들이다. 그 동안 우리는 직장생활을 지엽적이고 단편적인 승부에 온통 에너지를 집중하느라 마음이 조급해졌다. 조급함의 악순환이 복원력을 떨어뜨리는 원인이었다. 복원력을 평소에 훈련 받고 지원받을 만한 인식조차 할 수 없었고 기회도 쉽지 않았다. 복원력은 직장생활에서뿐만 아니라 삶 전체를 조망하고 탐색할 수 있는 여유를 가질 수 있도록 돕는다. 탄력성이란 모호함과 변화 속에서 유연하고 강하게 살아남는 방법을 배우는 과정이다. 탄력성이 강한 사람들은 불확실성에 효과적으로 대응하며 신체적, 심리적 부담감에서 건강하게 회복하고 이를 기반으로 지속적인 성과를 만들어 낼 수 있다. 이러한 과정에서 더욱 강하고 새로운 역량을 재창조해내게 되며 재도약을 이루어낼 수 있는 성공경험을 학습하게 된다. 이는 역경을 딛고 일어서본 사람만이 가질 수 있는 특권이기도 하다.

F1포뮬러 자동차 경주대회를 보면 드라이버 혼자서 수십 바퀴의 레이싱을 단번에 끝내지 않는다. 레이스를 완주하기 위해서는 반드시 경기 도중 자동차의 부품을 새롭게 정비하는 과정이 있다. 소속된 한 팀의 숙련공들이 최대한 빠른 시간 내에 자동차 정비를 끝내고 다시 출발시킨다. 그 모습을 보고 있노라면 전율이 느껴질 정도이다. 작게 보면 직장생활 중에서도 누구나 이러한 정비의 과정이 필요하고 그 과정에서 지원받아야 할 자원들이 분명히 존재한다. 개인 혼자만의 힘으로 원래의 유능함을 복원하는 데는 한계가 있다. 조직의 전문가들이 체계적인 시스템과 전략을 가지고 인재의 역량 발현을 지원해야 한다. 이제 조직은 사람관리에 대해 사후약방문의 수준에서 벗어날 때가 되었다. 인재가 그 이름에 걸 맞는 역할을 제대로 못하고 있는 것을 그 사람 개인의 문제로 책임을 떠넘겨서는 안 된다. 과연 충분한 자원을 제공하고 기회를 부여했는지에 대한 점검과 대안이 필요하다.

supplement **01**

통보면담 매뉴얼

부록1. 통보면담 매뉴얼

1. 면담의 기본원칙

- 가치존중(Dignity)
  · 대상자들의 인격을 최대한 존중해 줌으로써 절차상에서 발생할 수 있는 부정적인 요소들을 최소화
- 투명성(Transparent)
  · 대상자 선정 이유와 내용에 대해 가능하면 투명하게 전달함으로써 불필요한 오해를 방지하여 부정적 영향을 최소화
- 일관성(Consistent)
  · 절차 및 운영에 대해 일관성을 가지고 의사소통을 해야 조직 내부의 결정에 대한 신뢰도를 유지 할 수 있음

2. 효과적인 면담을 위한 6단계

사전에 잘 계획되어 진행되는 회의가 효과적이듯이 성과부진자에 대한 면담 역시 도입, 진행, 결론을 갖춘 구조화 된 면담 절차 및 심리적인 측면의 대응방법에 대한 치밀한 준비가 필요하다.

- 1단계(통보) – 결정사항을 명확하고 간결하게 전달하라
- 2단계(근거) – 결정사항에 대한 논리적인 근거를 전달하라
- 3단계(경청) – 대상자의 말을 경청하고 적절히 대응하라

- 4단계(지원) – 변화와 성장을 지원하는 교육훈련내용에 대해 전달하라
- 5단계(조치) – 교육 종료 후 평가결과에 따른 인사상의 조치를 전달하라
- 6단계(기대) – 대상자의 조직 내 역할에 대한 기대 사항를 전달하라

3. 면담자의 기본 자세

- 자신의 목표를 이해한다. – 메시지를 분명하게 전달
- 자신의 역할을 이해한다. – 공감적 태도와 적극적 경청
- 자신의 감정을 이해한다. – 자신의 감정을 인식하고 이해

4. 면담 전 준비사항

- 면담 대상자별 해당사유 파악 및 정리
- 면담 대상자별 예상되는 감정적 반응 예측 및 정리
- 면담 대상자별 교육훈련 참여에 대한 설명
- 대상자별 면담 약속(장소/시간)

· 면담일시 : 개인별 면담시간을 정함

· 면담장소 : 타인의 방해가 없고 대상자 신분이 노출되지 않는 장소

5. 면담 시 유의사항

면담자가 해야 할 것(Do' s)

- 해당 대상자에게만 초점(Focus)을 둘 것
- 모든 사안을 투명하고 명확하게 할 것
- 상대방의 말을 경청할 것 (침묵의 효과적 활용)
- 대상자 배려에 대한 사항이 최우선임을 느끼도록 함

면담자가 하지 말아야 할 것(Don' ts)

- 악수
- 유머 사용
- 사과하는 언행이나 행동
- 논쟁을 하는 것
- 잡담이나 날씨 이야기
- 면담의 장기화 및 지연
- 불확실한 가능성에 대한 언급
- 결정되지 않은 사실에 대한 추측

6. 대상자 통보 면담의 4W1H

누가해야 하는가? (Who)

- 직속 상사 또는 인사담당자

· 대상자를 가장 가까이서 지켜본 관리자 또는 대상자 입장에서 가장 자신 을 잘 알고 있다고 판단되는 사람이 면담을 해야 함

· 누구로부터 이야기를 듣는 것이 가장 자존심이 덜 상할 것인가를 고려

어디서 해야 하는가? (Where)

■ 회사 내 직원들 왕래가 많지 않은 장소가 적절할 것임.

· 장소에 있어 기본 원칙은 대상자가 면담을 하고 방을 나섰을 때, 남들의 시선이 느껴지지 않는 혹은 관심을 적게 둘 수 있는 장소가 좋음.

· 일부 회사의 경우, 외부시설을 빌려서 하는 경우도 있음. 그것은 대상자 가 누구를 만났는지, 어떤 내용을 전달 받았는지 다른 직원들은 알지 못 하게 하기 위함 임.

언제 할 것인가? (When)

■ 가능하면 오전 그리고 주초에 하는 것이 좋음.

· 오전에 하라는 것은 대상자가 의사결정에 대해 합리적으로 수용할 수 있도록 도움 이 되는 시간대를 택하라는 것임.

· 주초에 하는 것이 대상자의 행동이나 반응을 관리하는 데 도움이 됨.

· 금요일 혹은 휴일 전 오후에 하게 되면 대상자의 다음 반응을 관찰하는 것이 매우 힘들게 됨.

- 여러 명을 면담해야 하는 경우는 수용 가능성이 높을 것으로 예상되는 대 상자부터 먼저 면담하는 식으로 면담 스케줄을 세우면 도움이 됨.
  - · 실행 과정에서 학습(learning-by-doing)이 이루어지면서 어려운 상대에 대한 면담 전략을 세우는데 도움이 됨.

무엇을 전달할 것인가? (What)

- 바로 본론으로 들어가라!
- 필요 시 같은 내용을 반복하라!
- 현 근무태도에 대해 개선이 필요하다는 설명 전달.
- 면담대상자 각각에 대해 어떤 내용으로 설명할 것인지를 사전에 준비하고 모의 실습을 하는 것이 실수를 방지하는 첩경임.

어떻게 면담을 할 것인가? (How)

- 대부분의 경우는 1 : 1 형태의 면담으로 이루어짐.
  - · 하지만 새롭게 부임한 관리자로 면담 대상자를 잘 모르는 상황 혹은 관리자도 대상자인 경우 등 특별한 경우에는 차상위 관리자 혹은 인사 담당자를 대동하여 면담을 하는 경우도 있음.
- 면담 소요 시간은?
  - · 길어야 15분을 넘지 않도록 해야 함. 인사나 악수 등 사소한 모든 것들을 제거한 면담으로 핵심에 집중해야 함. 따라서 면담이 길어진다는 것은 논쟁이 벌어진다는 것을 의미함. 면담을 더 이상 진행할 수 없는 경우는 다음 면담 일정을 잡고 면담을 종료하는 것

이 바람직함.

7. 피해야 할 주요 내용

- 그 동안의 수행성과에 대한 자세한 논의를 하지 말라. 실적평가 시간이 아니다
- 방어적인 자세를 취하거나 대상자를 설득해야 한다고 느끼지 말라
- 현재의 현실적 상황만을 전달하라
- 논쟁하지 말라. 목소리를 높이지 마라
- '당신의 심정이 어떨지 안다' 와 같은 말을 하지 말라
- 나는 이러한 통보를 하고 싶지 않았지만 ' ' 미안하다 '와 같은 말을 하지 말라
  · "대상자로 선정된 것에 대해 팀장인 나로서도 원하지 않는 일이지만, 조직 내부에서 결정한 사항이니 나를 봐서라도 협조해 달라" 등
- 과거의 불만이나 문제에 대해 논의하지 말라
- 우리 기관의 정책에 대한 비판에 동조하지 말라. 대상자가 비판을 한다면 단지 듣고 그들의 입장을 이해하라 그에 대한 동의나 이의를 제기하지 마라.
- 대상자와의 인간적인 관계를 논하지 말라. 당신은 업무 결정과 업무 관계를 행하고 있는 것이다.

- 상황을 다시 되돌리려 하거나 좋게 만들려고 하지 말라. 명확한 사실을 전달하라

8. 바람직한 주요 대화내용

- 성과평가 및 결과 피드백과 관련하여 당신에게 전달할 내용이 있습니다. 금번부터 우리 부서에서는 성과 개선이 필요한 직원들에 대해서는 인사담당자(또는 담당과장)이 반드시 면담을 하고 성과 개선을 위한 계획 수립과 교육훈련 기회를 제공하도록 하고 있습니다. 그와 관련된 내용을 전달하고 그에 대한 당신의 의견을 듣기 위해 만나자고 했습니다.
- 당신은 최근의 평가 결과를 보면, 매우 낮은 수준에 머물고 있고, 이러한 내용이 지속되고 있는바 향후에 이러한 내용이 획기적으로 개선되지 않으면 안 될 것으로 생각됩니다. 이와 관련하여 회사에서는 역량향상 프로그램 참여를 추천하며 향후 ( )개월 이내에 당신의 성과에 대한 획기적 개선 목표와 계획을 세우고 그에 대한 결과를 보여 주는 것입니다.
- 그러한 판단을 하는데 향후의 인사관리 방향, 역량향상프로그램 등을 이해해야 더 합리적인 결정을 내릴 수 있지 않을까 하는 생각에서 만나자고 했습니다. 인사 부서에서는 당신에게 가능한 자원을 제공할 예정이며 그 일환으로 역량향상프로그램에 참여하시기를 권유하는 바입니다.

9. 대표적인 심리반응 유형

분노 · 적대감

- 화를 내는 사람의 경우 상처받고 실망하며 거부당했다는 감정을 느낄 수 있다.
- 이러한 경우 면담자의 반응은
  - · 침착해야 한다. 경청하며 대상자가 감정을 표출 할 수 있도록 허용해 준다
  - · 논쟁을 피하고 방어적이 되어서는 안 된다.
  - · 대상자에 대한 개인감정은 배제하고 사실에만 집중한다.

부정 · 협상

- 부정하는 사람은 결정내용이 자신의 현실이 아니라고 믿고 싶어 한다. 대상자는 결정을 번복시키기 위해 면담자와 논의하거나 협상하려고 할 것이다.
- 이러한 경우 면담자의 반응은
  - · 대상자 확실히 이해할 수 있을 만큼 필요에 따라 메시지를 반복해서 전달해야 한다.
  - · 협상의 여지를 두지 않아야 한다. 사무적이고 공식적인 말투를 유지해야 한다
  - · 다음 단계를 설명해야 한다.

슬픔 · 한탄

- 대상자는 슬픔과 두려움, 예민함, 걱정 등의 감정을 가진다. 흐느끼거나 심지어 울음을 터뜨릴 지도 모른다.
- 이러한 경우 면담자의 반응은
  - · 이해와 공감을 표현해주어야 한다.
  - · 대상자에게 슬픈 감정을 표출할 시간을 허락해주어야 한다.
  - · 대상자의 슬픔을 축소시키지 않는다.
  - · 다음 단계를 설명해주어야 한다. 〈그림 1〉

면담준비 전 연습(Work Sheet)

면담 준비 시 아래의 공란을 사용하여 직접 자신의 표현으로 작성해 보라. 대상자를 위해 경청과 반응에 대해 적절히 대응해야 한다는 것을 반드시 염두에 두어야 한다.

●1단계(통보) – 결정사항을 명확하고 간결하게 전달하라

- 가장 중요한 목표는 대상자에게 자신이 성과 부진자 대상이라는 결정내용을 명확하게 이해시키는 것이다.
- 대화 유도의 예

〈그림 1〉 행동반응 차트

<table>
<tr><th></th><th>기저감정/동기</th><th>제안</th><th>대화유도의 예</th></tr>
<tr><td>분노/
적대감</td><td>•상처받음
•실망감
•거부당함
•통제력 상실</td><td>· 차분히 있을 것
-경청하면서 누그러질 때까지 기다릴 것
· 논쟁을 하지 말 것
· 방어적이 되지 않도록 주의할 것
· 사실적 상황에만 집중할 것</td><td rowspan="2">– 이 결정은 ...에 기반한 것으로...
– 이 결정은 최종적입니다.</td></tr>
<tr><td>부정/
협상</td><td>•충격
•불신감
•공포</td><td>· 사무적이고 객관적인 입장을 유지할 것
· 다음 단계를 설명할 것
· 필요에 따라 준비된 메시지를 반복할 것 협상하지 말 것</td></tr>
<tr><td>슬픔/
한탄</td><td>•걱정
•두려움
•상처받음</td><td>· 상대방이 슬픈 감정을 표출할 시간을 허락할 것
· 이해와 공감을 표현할 것
· 다음단계를 설명할 것
· 상대방의 감정을 존중할 것</td><td>– 당신에게 쉽지 않은 상황이라는 것은 압니다만...
– 당신을 ... 이렇게 도우려고 합니다.</td></tr>
<tr><td>형식적/
사무적</td><td>•통제/자제
•억압된 마음
•복수심</td><td rowspan="3">· 대상자의 감정적 표현이 드러날 시간적 여유를 허락할 것
· 질문에 대해 대답할 용의가 있음을 표현할 것
· 다음 단계를 설명할 것
· 필요에 따라 준비된 메시지를 반복할 것</td><td rowspan="3">– 혹시 질문이 있으신가요?
– 교육훈련 관련된 내용에 대해 알려 드리겠습니다.</td></tr>
<tr><td>냉정/
침묵</td><td>•통제/자제
•소극적
•충격</td></tr>
<tr><td>수용</td><td>•불안감 해소
•미래에 대한 기대</td></tr>
</table>

- "사내 게시판을 통해 들어서 알고 있듯이, 현재 우리 회사는 성과 부진자 교육을 계획하고 있고 자네가 이번 교육 대상자로 선정 되었네……."

● 2단계(근거) – 결정사항에 대한 논리적인 근거를 전달하라

- 대상자는 선정된 근거에 대해 알 필요가 있다. 이때 결정근거를 전달함과 동시에 그것이 신중한 검토를 거쳐 내려진 결정임을 대상자에게 인지 시 키는 것이 중요하다.
- 대화 유도의 예

"우리 회사에서는 성과면담을 통해 그 동안 축적해온 결과를 바탕으로 개인 의 역량 및 태도에 대한 피드백을 시행하여 왔네. 그 결과를 바탕으로 조직 내에서 신중한 검토와 엄격한 기준을 통해 대상자를 선정하게 되었네. (근거기준 제시)

● 3단계(경청) – 대상자의 말을 경청하고 적절히 대응하라

- 대상자에게 결정사항과 근거를 전달하는 동안 대상자가 표출하는 반응에 주목하며 그들의 말을 경청하고 각각의 반응과 질문에 적절히 대응하는 것이 무엇보다 중요하다
- (행동별 반응 챠트 참고)

● 4 단계(지원) – 역량개발을 지원하는 교육훈련내용에 대해 전달하라

- 인사부서에서 제공하는 교육훈련내용에 대해 전달하라
- 교육과정의 개요를 설명하고 교육 참여를 독려한다.
- 대화 유도의 예

"자네의 역량개발과 재충전을 위하여 인사부서에서 운영하는 역량 향상 프로그램에 참여하기를 권유 하네"

● 5단계(평가) – 교육 종료 후 평가결과에 따른 인사상의 조치를 전달하라

- 교육종료 후 평가결과에 따른 업무복귀 등 조직 내 후속 조치에 대해 설명하라
- 교육을 통해 대상자의 변화 되어야 할 영역에 대해 구체적으로 설명하고 교육평가 결과가 업무 복귀 시 어떻게 반영 될 수 있는가에 대해 설명한다.
- 대화 유도의 예

"이번 역량향상 프로그램의 교육과정은 단계별 개인의 성장 계획서가 작성될 것이고 이를 토대로 개인의 변화 개선도에 대한 평가결과로 업무 복귀 및 인사상의 조치가 뒤따를 예정이네"

● 6단계(기대) – 대상자의 성장에 대한 조직의 기대 사항를 전달하라

- 대상자의 잠재능력과 조직 내 역할에 대한 기대사항을 전달하라
- 역량향상프로그램 과정에 적극적인 참여와 성과에 대한 기대를 전달하라
- 대화 유도의 예

"자네의 OOO 부분은 매우 장점이라고 생각하네. 또한 조직에서 자네에게 거는 기대도 크네. 교육과정 동안 적극적으로 참여해 주기를 당부 하네"

통보면담 결과서

	(낮음)								(높음)
· 1단계(통보)	1	→	2	→	3	→	4	→	5
· 2단계(근거)	1	→	2	→	3	→	4	→	5
· 3단계(반응)	1	→	2	→	3	→	4	→	5
· 4단계(교육지원)	1	→	2	→	3	→	4	→	5
· 5단계(인사 상 조치)	1	→	2	→	3	→	4	→	5
· 6단계(기대사항 전달)	1	→	2	→	3	→	4	→	5

〈참고사항〉

● 대상자의 단계별 수용정도

● 교육 입소 전 정보 제공 사항

- 대상자의 인사고과결과 (　　)
- 대상자의 다면평가결과 (　　)

〈참고사항〉

supplement **02**

인재관리 체크리스트

부록 2. 인재관리 체크리스트

당신은 다음 행동을 얼마나 자주 합니까?

0 = 없음 1 = 단지 개별적으로 요청을 받을 경우에만

2 = 불규칙적으로 3=정기적으로(일년에 2회 이하)

4 = 정기적으로(일년에 4회 이상) 5=가능한 자주(가능한 필요할 때마다)

1. 직원의 남다른 재능과 장점/경쟁력은 무엇인지, 그 점이 조직에 어떻게 기여하고 있는지에 대해 말해준다.
2. 직원이 자신이 원하는 전문영역을 제대로 선택했는지를 확인하고, 현재의 업무 숙련도는 얼마나 되는지 알고 있다.
3. 직원의 흥미분야가 사람, 아이디어, 데이터, 사물 중 어느 분야에 있는지 알고 있다.
4. 직원이 중요하다고 생각하는 가치가 무엇인지 알고 있고 직무가 그 가치와 부합되는지에 대해 논의한다.
5. 현재 직무에서 어려운 점은 없는지 물어본다.
6. 직원이 흥미 있어 하는 분야의 직무를 찾을 수 있도록 도와준다.
7. 직원의 능력을 파악하기 위해 사원의 과거 직무경력에 대해 함께 살펴본다.
8. 직원이 자랑스럽게 여기는 성취업적이나 보유 능력은 무엇인지에

대해 물어본다.

9. 직원에게 좀 더 편리하도록 업무일정이나 업무형태, 업무선택 시 우선권 등에 대해 협의한다.
10. 진로 방향이나 현재 경력의 진행상황에 있어 안고 있는 고민은 무엇인지 물어본다.
11. 직무평가 기준에 대해 설명해 준다.
12. 직원이 이뤄야 할 성과에 대해 서로 의논하여 합의 후 결정한다.
13. 일일의 성과에 대한 구체적인 피드백을 개별적으로 제공한다.
14. 고객, 동료, 상사 앞에서 사원이 조직에 기여한 바에 대해 인정하고 보상해준다.
15. 다른 사람이 직원에 대해 평가할 때는 구체적인 평가를 요청한다.
16. 현재 직무성과가 사원의 평판이나 경력목표에 미칠 영향에 대해 논의한다.
17. 업무성과 및 기여를 인정함으로써 상사나 동료, 고객들에게 직원에 대한 좋은 정평을 쌓아준다.
18. 직원이 자신이 몸담고 있는 조직, 업계, 전문영역에 있어서 네트워크를 강화할 수 있도록 도와준다.
19. 일일의 성과에 있어 가장 중요한 역량에 대해 알려준다.
20. 직원을 팀웍이란 측면에서 보았을 시 갖고 있는 장점 및 약점에 대해 알아보기 위해 팀원들과 함께 논의한다.

21. 전문영역이나 업계의 추세로 볼 때, 향후 필요한 역량에 대해 깊이 있게 논의한다.
22. 새로운 학습이 필요할 조직 내의 변화에 대해 명확히 알려준다.
23. 기술 변화들이 향후 직원의 경력에 미칠 영향력을 예견하고 알려준다.
24. 직원이 담당하고 있는 직무가 조직의 사명이나 전략에 비춰볼 때, 얼마나 핵심적인 역할을 차지하고 있는지에 대해 이야기한다.
25. 조직의 경쟁우위를 활용하고 조직의 사명을 다할 수 있는 방안에 대해 연구한다.
26. 조직 내에서 성공하기 위한 공식적, 비공식적 결정 요소들에 대해 알려준다.
27. 직원의 향후 경력에 영향을 미칠 직업동향을 예측할 수 있는 방법에 대해 논의한다.
28. 변화하는 조직의 요구에 부합하면서 자신의 목표를 이룰 수 있는 향후 경력기회들에 대해 알려준다.
29. 변화에 효과적으로 적응하고 성공을 이룬 사람들의 일하는 방식에 대해 알려준다.
30. 업무생산성을 향상시킬 수 있는 새로운 기술을 학습할 수 있도록 지원한다.
31. 직원이 담당하고 있는 직무가 조직의 장기적 목표를 달성하는데

얼마나 중요한 역할을 하고 있는지 알려준다.

32. 직원이 자신의 장기적 목표를 이루기 위한 하나의 과정으로서 현재 직무를 담당하고 있다는 점을 확신 시켜주고 따라서 보다 현 업무에서 업무 숙련도를 높여야겠다는 의지를 가질 수 있도록 북돋아준다.
33. 직원이 어떤 종류의 직무를 원하고 있는지 조직 내외적으로 얼마나 그 일을 할 기회를 적극적으로 찾고 있는지에 대해 알고 있다.
34. 직원이 선택한 전문영역과 산업분야에서 분명한 목적의식을 갖고 의욕적으로 일할 수 있도록 도와준다.
35. 직원이 조직 내에서 다양한 경력목표를 찾을 수 있도록 도와준다.
36. 직원의 개인적 경력목표가 조직의 전략적 목표와 조화를 이룰 수 잇는 방법에 대해 논의한다.
37. 직원의 경력목표에 영향을 미칠 수도 있는 조직의 잠재적 변화에 대해 알려준다.
38. 직원의 단기적 목표뿐만 아니라 장기적 목표에 대해서도 함께 논의한다.
39. 직원의 현 직무를 사원의 가치 및 목표와 좀 더 부합 시킬 수 있는 방법을 모색하도록 도와준다.
40. 직원이 향후 더 많이 기여할 수 있는 부분에 대해 논의한다.

41. 직원의 업무숙련도를 높이기 위해 조직 내 도움을 줄 수 있는 선배나 지도자에게 소개시켜 준다.

42. 직원에게 임시업무, 멘토링, 회의참석, 외부 교육 등 다양한 학습기회를 제공한다.

43. 직원이 자신이 몸담고 있는 조직, 업계, 전문영역에 있는 사람들과 교류하고 네트웍을 형성할 수 있도록 도와준다.

44. 보다 숙련도를 높일 수 있도록 해당분야의 전문가와 함께 일할 수 있는 기회를 마련한다.

45. 직원이 자신의 경력목표에 맞는 세부계획을 마련할 수 있도록 도움을 준다.

46. 직원이 짜놓은 학습계획에 대해 같이 검토하고 조언을 해준다.

47. 전문과정 또는 멘토를 소개해 준 후, 제대로 교육을 받고 있는지 추후 관리에도 신경을 쓴다.

48. 직원이 새로운 역량을 개발하는데 필요한 직무를 부여한다.

49. 직원의 경력목표 및 능력을 개발하기 위해 다른 관리자들과 상의하고 협조를 구한다.

50. 직원경력개발을 위해 타부서로 임시파견을 보내거나 배치한다.

1		2		3		4		5		남다른 독특성을 인정하라	
6		7		8		9		10		총계	

11		12		13		14		15		자타가 공인하는 인재로 키워라	
16		17		18		19		20		총계	

21		22		23		24		25		변화의 세계에서 강자가 되게 하라	
26		27		28		29		30		총계	

31		32		33		34		35		서로에게 Win-Win이 되게 하라	
36		37		38		39		40		총계	

41		42		43		44		45		배우는 즐거움에 미치게 하라	
46		47		48		49		50		총계	

인재관리 체크리스트 작성표

'인재관리체크리스트' 자가진단 결과 해석

구 분	매우우수	우수	보통	미흡	매우미흡
영역별 점수 (50점 만점)	41~50	31~40	21~30	11~20	10이하
총합계 점수 (250점 만점)	201~250	151~200	101~150	51~100	50이하

메모

메모

인재귀한 프로젝트
C-Player저성과자 Management

2011년 12월 15일 초판 1쇄 발행
지은이 | 윤혜신
펴낸이 | 김희성
편집장 | 박창배
디자인 | 김현수
그 림 | 최민주

펴낸곳 | (주)중앙경제
출판등록 | 「80. 6. 21 제 2-66호」
주소 | 서울시 중구 신당2동 355-8 백석B/D 신관
홈페이지 | www.elabor.co.kr
전화 | 02-2231-7293 팩스| 02-2235-5344

ISBN 978-89-7017-267-5 (03320)

정가 15,000원